U0678206

让你的孩子勇敢自信

著 饶平仙

做一个合格
好妈妈
QUALIFIED GOOD MOTHER
MOM

百花洲文艺出版社
BAIHUAZHOU LITERATURE AND ART PRESS

图书在版编目(CIP)数据

让你的孩子勇敢自信 / 饶平仙著.—南昌：百花洲文艺出版社，2020.8
（做一个合格好妈妈系列）
ISBN 978-7-5500-3790-8

Ⅰ.①让⋯ Ⅱ.①饶⋯ Ⅲ.①幼儿教育—家庭教育 Ⅳ.①G781

中国版本图书馆 CIP 数据核字(2020)第 130493 号

让你的孩子勇敢自信

饶平仙 著

出 版 人	章华荣	
策 划	邹晓冬	
责任编辑	安姗姗	
封面设计	黄敏俊	
制 作	胡红源	
出版发行	百花洲文艺出版社	
社 址	南昌市红谷滩区世贸路 898 号博能中心一期 A 座 20 楼	
邮 编	330038	
经 销	全国新华书店	
印 刷	金华市三彩印业有限公司	
开 本	710mm×1000mm 1/16 印张 6	
版 次	2020 年 8 月第 1 版第 1 次印刷	
字 数	67 千字	
书 号	ISBN 978-7-5500-3790-8	
定 价	22.00 元	

赣版权登字 05-2020-101

邮购联系 0791-86895109
网 址 http://www.bhzwy.com
图书若有印装错误,影响阅读,可向承印厂联系调换。

◀ 导读 ▶

每一位妈妈都有"望子成龙""望女成凤"的期盼,从"不让孩子输在起跑线上"开始,在孩子的成长过程中,妈妈们花尽心思培养孩子的智商、情商、财商。然而,还有一种"商"对孩子的成长也很重要,那就是逆商。逆商是人面对逆境时的反应方式,即面对挫折、摆脱困境和超越困难的能力。高逆商其实就是通常所说的:能扛得住事。正如李嘉诚所说:"你想过普通的生活,就会遇到普通的挫折;你想过最好的生活,就一定会遇到最强的伤害。这世界很公平,想要最好,就一定会给你最痛。"

人生的赛场上,最后的赢家一定是逆商"爆表"、从小经历无数波澜过来的人。所以有的人能取得什么成就,冥冥之中早已有了答案。当今社会,逆商对一个人的成功起着关键性作用。一个人要想获得学业上、事业上的成功,必须具备较强的心理抗压能力。因此,妈妈们应该尽早重视对孩子逆商的培养。

我们常常看到一些报道,很多孩子往往会因为受到一些打击或是遇到困境而误入歧途,难以回头。这些社会现象常促使我们思考:在家庭教育中,我们是否真的找出了孩子不开心、不快乐、厌学、逃学的内在原因?孩子对挫折的抗压能力比较低,在面对困境的时候,容易丧失信心被打倒,又该怎么办?如何帮助孩子提高"抗挫力"?本书中,我们用大量真实的案例呈现了孩子们的"叛逆"和妈妈们的无助,希望书中的"专家锐评"和"妈咪魔法棒"能抛砖引玉,激发广大妈妈们去创新教育方式,帮助孩子点燃心中的小宇宙。

在阅读本书之前,我们根据书中内容总结了一些测试题,请读者朋友先来做个小测试吧。

小测试

1.当考试没考好或者犯错误的时候,孩子会选择撒个小谎,试图蒙混过关。

A.很符合　B.比较符合　C.不能肯定　D.不太符合　E.根本不符合

2.若把考试卷拿到一个安静、无人的房间去做,孩子的成绩可能会好一些。

A.很符合　B.比较符合　C.不能肯定　D.不太符合　E.根本不符合

3.孩子平时的考试成绩比大型考试或测验时的成绩要好得多。

A.很符合　B.比较符合　C.不能肯定　D.不太符合　E.根本不符合

4.学习上一遇到不会做的题,孩子马上就想寻求其他人的帮助。

A.很符合　B.比较符合　C.不能肯定　D.不太符合　E.根本不符合

5.即使犯错了,孩子总觉得自己是有理的一方,不能勇敢地承认错误。

A.很符合　B.比较符合　C.不能肯定　D.不太符合　E.根本不符合

6. 本来喜爱上学的孩子,突然某一天对你说:"我不想去学校了!"

A.很符合　B.比较符合　C.不能肯定　D.不太符合　E.根本不符合

7.尽管孩子已经把演讲稿背得很熟,在讲演的时候却总会出现差错。

A.很符合　B.比较符合　C.不能肯定　D.不太符合　E.根本不符合

8.遇到重大比赛,场面越热烈,孩子的表现越差。

A.很符合　B.比较符合　C.不能肯定　D.不太符合　E.根本不符合

9.孩子喜欢把日记本锁起来,不让父母看。

A.很符合　B.比较符合　C.不能肯定　D.不太符合　E.根本不符合

10.当家里来客人的时候,孩子常常想方设法躲着他们。

A.很符合　B.比较符合　C.不能肯定　D.不太符合　E.根本不符合

11.孩子在学校的同伴很少,不太合群。

A.很符合　B.比较符合　C.不能肯定　D.不太符合　E.根本不符合

12.不愿意和家人讨论学校的老师、同学及自己的校园生活。

A.很符合　B.比较符合　C.不能肯定　D.不太符合　E.根本不符合

13.即使在外受了委屈,回家也不敢告诉家人。

A.很符合　B.比较符合　C.不能肯定　D.不太符合　E.根本不符合

14.即使同学犯错了,也不敢勇敢地指出来或不敢告诉老师。

A.很符合　B.比较符合　C.不能肯定　D.不太符合　E.根本不符合

15.课余时间,孩子不太愿意和父母讨论身边优秀孩子的事例。

A.很符合　B.比较符合　C.不能肯定　D.不太符合　E.根本不符合

16.夏天,孩子会比别人更怕热,冬天又比别人更怕冷。

A.很符合　B.比较符合　C.不能肯定　D.不太符合　E.根本不符合

17.节假日,孩子总喜欢待家里,不愿意找同学玩。

A.很符合　B.比较符合　C.不能肯定　D.不太符合　E.根本不符合

18.遇到熟悉的邻居或朋友,孩子不敢主动打招呼。

A.很符合　B.比较符合　C.不能肯定　D.不太符合　E.根本不符合

19.遇到陌生的新玩伴,孩子融入集体的时间总会比较长。

A.很符合　B.比较符合　C.不能肯定　D.不太符合　E.根本不符合

20.当看到自己很想要的物品,孩子不敢跟父母提出购买要求。

A.很符合　B.比较符合　C.不能肯定　D.不太符合　E.根本不符合

21.集体讨论问题时,孩子不敢勇敢表达自己的想法。

A.很符合　B.比较符合　C.不能肯定　D.不太符合　E.根本不符合

22.外出游玩,每到一个新的地方,总会出现一些失眠、闹脾气、吃不好、拉肚子等小毛病。

A.很符合　B.比较符合　C.不能肯定　D.不太符合　E.根本不符合

23.参加集体大型活动的前一天晚上,孩子会因紧张而睡不好。

A.很符合　B.比较符合　C.不能肯定　D.不太符合　E.根本不符合

24.晚上睡觉的时候,孩子总喜欢开着灯。

A.很符合　B.比较符合　C.不能肯定　D.不太符合　E.根本不符合

25.孩子一直不敢单独上台表演节目,怎么鼓励也不行。

A.很符合　B.比较符合　C.不能肯定　D.不太符合　E.根本不符合

26.每次去打预防针,总要做很长时间的工作,到最后还是不能乖乖配合。

A.很符合　B.比较符合　C.不能肯定　D.不太符合　E.根本不符合

27.已经上小学了,孩子仍不敢一个人睡一间房。

A.很符合　B.比较符合　C.不能肯定　D.不太符合　E.根本不符合

28.课堂上,老师提出的问题孩子大部分都会,就是不敢举手。

A.很符合　B.比较符合　C.不能肯定　D.不太符合　E.根本不符合

29.下雨打雷时,孩子总会紧张地躲在被子里。

A.很符合　B.比较符合　C.不能肯定　D.不太符合　E.根本不符合

30.被同学或老师错怪,孩子却没有勇气声辩。

A.很符合　B.比较符合　C.不能肯定　D.不太符合　E.根本不符合

测评标准：

A 到 E 的分值分别为 1 分、2 分、3 分、4 分、5 分。

测评结果：

总得分与心理承受能力的关系如下：

121—150：心理适应能力很强

91—120：心理适应能力较强

61—90：心理适应能力一般

30—60：心理适应能力较差

无论测试结果如何，从现在开始，请妈妈们改变自我，学会放手，并反复告诉孩子一个道理：人这一生，就像一个闯关游戏。闯过学龄期需要有一定的智商，突破许多关卡靠的是高情商，但贯穿整个人生的一定是过人的逆商。若是抗挫折能力太差，你只会是芸芸众生中被淘汰掉的那个人。

◆ 作者有话说 ▶

别让不在线的抗挫力毁了你的孩子

"亲,这几天我都要崩溃了,我感觉我活不下去了……"之后,是长达五分钟的号啕大哭。

"亲,我今天又把儿子打了……"说着说着,电话那端的声音开始哽咽了!

"亲,哪里有可以管孩子学习的地方,每月一万我都送去!"唉,我也不知道说什么好。

这是一位初一男孩儿的妈妈,因为用尽各种招数也无法让孩子用心学习而感到绝望。现在每天伴随她的,是和孩子不断的冷战和争吵。

其实,这个男孩之前挺乖的,小学时特别听话,学习认真,成绩名列前茅,一直是家长的骄傲。可是六年级时,孩子出现了厌学的情绪,经常和父母喊累。父母总是说,学习哪有不累的啊,小时候我们学习也是这样的啊!渐渐地,孩子就没说这样的话了,只是学习成绩一直下滑。父母无奈,只好买了个重点学区的房子以防万一。有了学区房,虽然他小学毕业成绩并不好,可他如愿以偿上了当地的重点初中。本以为环境改变了,能促使孩子更加努力学习,可情况相反,他的成绩更是一落千丈,在班上处于中下游。

家长急了,以为是自己平时工作忙,疏忽了对孩子学习的管理,于是各种招数轮流上演:报培训班、思想沟通、讲道理、下任务、禁止出门……渐渐地,父母与孩子的关系越来越僵。每天放学回家,孩子

就关上门躲在房间里，开电脑，打游戏，作业基本不做。不怕家长，也不怕老师，骂没用，打也没用。

妈妈突然发现，不知不觉中，自己居然和孩子正常说一句话都难，更别提管孩子了！父母没辙了。

我一直想见见这个孩子。

那天，我借着搞活动的机会，邀请这个孩子来帮忙。孩子来了，提着个平板电脑，坐下来就玩游戏。我想打开僵局，便请他帮忙摆好桌椅，他一声不吭地摆好了。又坐下来打游戏。再请他帮忙抬最后一张桌子时，他居然说他累了，没有一点儿力气了，直接拒绝了我的请求。

我请他坐下来聊聊天，他看出了我的用意，直接说："老师，你不用教训我。父母太烦，我不想看见他们，一眼都不想。我就是不想学习，我也学不进去，不要给我压力，让我玩会儿。"

家长忽略孩子的抗挫力培养，最终会把孩子养成温室里一朵娇弱的花，以至于一遇挫折便不知所措。归根结底，这和我们最初的家庭教育有关。例如孩子摔倒了，如果不严重，我们应鼓励他自己爬起来，而不是急切地跑过去扶他；孩子想要玩具，应当鼓励他自己去拿；衣服也要鼓励他自己穿。我们应当学会乐意看到孩子在前进的道路上遇到一定的障碍和挫折，让孩子在生活中渐渐学会独立面对一切。逆境与挫折会出现在我们人生的每一个阶段，锻炼面对逆境的生存能力，培养勇于挑战逆境，克服逆境的能力。

所以，逆商培养对于孩子来说尤为重要。

别让害怕心理耽误了你的孩子

一家三口来咨询,爸爸走在前面,一个七八岁的男孩跟在后边,男孩使劲抓着爸爸的衣角,紧紧地贴着爸爸上楼,眼神都不敢好奇地瞟一下四周。我在后面看着,很是惊讶。

交流中,妈妈告诉我:孩子从小就胆小。比如让他自己上楼,男孩会唯唯诺诺地对妈妈说:"妈妈,好黑啊,我有些害怕!"晚上上厕所,非要爸爸或妈妈陪同;在路上见到体型庞大的大狗,会害怕得路都走不动,缩在妈妈怀里抖个不停;幼儿园基本是陪着上的,马上一年级了,这可怎么办啊!

听了妈妈的话,在一旁刷着手机头也不抬的爸爸说道:"唉,男子汉大丈夫,一点东西都怕,整天怕这怕那,将来还指望你什么?真是被人笑话!"

听了爸爸的话,小男孩身体缩得更紧了,偎着妈妈也更紧了。

其实,在孩子成长的过程中,对某些事物感到害怕,如怕动物,怕水,怕火,怕黑暗,怕陌生人都是正常的。但家长们第一时间发现后,要先去接纳孩子恐惧害怕的心理,就像害羞、内疚、悲伤、快乐等一样,都是人很正常的情绪。其次,发现了就要去帮助孩子克服害怕心理。不仅孩子会害怕,大人也会害怕。不要想当然地以为自己不怕的事物,孩子也不应该害怕。

每一个成年人都是从儿童时代过来的,作为父母,我们要做的就是帮助孩子解决成长中的困难,教会孩子面对挫折、面对生活。因此,多陪伴孩子,带孩子到自然界多体验,增长见识,开阔眼界,注重孩子的逆商培养,孩子会成长得更优秀!

目　录

第一章

我不敢说

情感关键词：发现、懂得和相信

亲爱的妈咪：

　　孩子在成长期会碰见各种各样需要您解决的问题，如果您善于发现、懂得并相信，会明亮孩子那双看向世界的眼睛。

① 我不要处处被比较

案 例

宝贝心声：

我是独生女，但我父亲那辈有 3 个兄妹，我有了两个同辈的兄弟。我是排行中间的这个，从小就是被比较着长大的。

我三年级开始学钢琴，因为奶奶心急而导致我基础不牢，现在都没考级。自从去年堂弟考了小提琴五级以后，奶奶便日复一日重复着一句话："你看看人家老牛(我堂弟小名)都考完五级了，你学这么久一级都没考，人家还比你小，你好意思嘛！"

一开始我听这话气得火冒三丈，明知道小辈不能向长辈发脾气还是忍不住吼道："他学了 4 年，我才断断续续学了两年。他每天都能练琴，我只能每个周末练一小会儿。大妈一点都不急，你却总揠苗助长，搞得我学了这么久，老师还让我补基础，你好意思嘛！"

奶奶罕见地沉默了。我继续发泄着："他学琴你们都支持他，说他拉小提琴有气质，我呢？爸爸说我弹琴没用，你说我弹琴像弹棉花，一支完整的曲子都弹不出来！我明明弹了呃，你自

己没见识还来说我,有问题吧!"

我把周围的东西全扔到地上,哭着将门锁了起来,哭累了就睡着了,还是爸爸拿钥匙开的门。我本以为此事到此会终结,是我想得太少了。

有一次我考试失利,只考了八十多分,我也如实告诉了奶奶,我本以为她会安慰我,但换来的却是一顿骂……从那时起我就再也不希望从她的嘴里得到安慰我的话了。

刚说完我成绩的事没几分钟,姑婆的电话就到了。奶奶立刻换上一脸笑容,态度与刚刚截然不同,我的噩梦又开始了。挂了电话,奶奶便开始夸赞堂弟,说老师表扬了他,说他拿了一个什么奖,然后开始数落我一无是处……反正在她的眼里,我只有缺点,堂弟只有优点。慢慢地我也习惯了。有时她说得很离谱,我也无动于衷了,只是在心里默念:是金子总会发光的,没必要为这种事生气,不至于不至于……

最后,我只希望奶奶能多理解我,我不怪她,我知道她在用另一种方法逼我努力,只不过这种方法可能不适合我。我也不怪"老牛",他确实很优秀,只是奶奶,我很想告诉你:不要把他的优点无限放大,缺点无限缩小,而对我恰恰相反,我受不了!

我能逃离这个处处被比较的环境吗?

家长絮语:

奶奶说:这孩子从小没了母亲,是我一手带大的。真是含在嘴里怕化了,捧在手里怕摔了。对她的爱有多深,"责"就有多大。从她上幼儿园起,我就和她爸爸规划好了她的学习。我们省吃俭用,供她上最好的私立幼儿园,小学。现在我一年一年地老了,总害怕有一天我不在了,再也没有人管她的学习,所以对她的要求多了一些,也严格了一些。唉,这孩子,为什么不理解呢? 最近还老是莫名其妙对我们吼,我们还不是为她好吗?

 **专家锐评**

"我妈妈常教育我不要跟同学攀比吃穿，但是她自己却总爱拿我和别人比,大姨的女儿数学好,考上了师大附中。叔叔的儿子书法作品常得奖,甚至被博物馆收藏了……她经常会因为我没别的孩子优秀而骂我,打我……""我的爸爸总说我没有妹妹懂礼貌,见到客人不出来打招呼……" 这是一个个小学生在作文本里倾诉的苦恼,说明大部分孩子都有同样的痛苦。我们做了一个关于反感家长的哪些行为的调查表,"讨厌父母拿自己和别人比较"高居第一位!

每一个孩子都有优点和缺点,如果父母用自己孩子的缺点和别人孩子的优点去比,羡慕不已之后,就是对孩子的各种要求、计较等,这样对孩子的伤害无疑是最大的,久而久之,孩子和父母之间的沟通就会受到阻碍。谁都不喜欢被比较,孩子更是如此。

"中国式家长"都爱比较,比较的背后,家长的目的不单纯,孩子也有说不出口的委屈。虽然说比较是为了爱,可以促使孩子成长,但频频地比较,不对等的错误地比较,最终会伤害孩子的自尊心和自信心。

只要看花,不要比花。印度思想家奥修有一句名言:"玫瑰就是玫瑰,莲花就是莲花,只要去看,不要比较。"

妈咪魔法棒

1.理性看待孩子的缺点。电影《银河补习班》中,马飞作为一个差生,对于自己的学习完全不抱信心,可是爸爸不这么认为,他没有放弃,坚信孩子是可塑的。所以,他带着孩子从"0"开始追寻,最终让父子二人实现了"100"的目标。

2.不要当孩子的面夸奖别人家的孩子。有一次我无意在饭桌上

谈论起我同学的女儿懂事,性格好,我女儿马上说:"既然别人家孩子那么好,那就让她当你的女儿吧!"

3.看到孩子的成长,让孩子学会自我比较。让孩子自我比较是为了能够自我审视,没有人会比孩子自己更了解自己。"自省"的方式可以很好帮助孩子摆脱被比较的负面影响,用正确的对比促进学习。

② 我胖,是我的错吗?

案 例

宝贝心声:

妈妈,我已经长大了,不要再把我当幼稚鬼,我以前可能很幼稚,但现在不幼稚了,请不要再这样对待我好吗?

妈妈,你明知道我特别胖,还老拿我的短处说事。就比如我每一次找您聊天,想和倾诉时,你总会转移话题,来说我胖的痛点。

"妈妈,我今天不开心。"

"你每天都是不开心,只要有零食吃,你天天都开心。"

"也不是啊,是今天下午同学嘲笑我了!"

"嘲笑你,还不是因为你胖。你要瘦点,谁敢说!"

"不是因为这个!"

"把你论斤卖了,可以包养王思聪了!"

我气得无语!妈妈,我真心请求您,请不要老拿我的短处来说我好吗?

妈妈,我不是讨厌跳绳,而是讨厌你对我的态度。上周日,您同

事的女儿来了,她教了我一种更好的跳绳方法,正准备实践时,您从房间里踱了出来叫道:"严商航你快点儿跳,你在这儿发愣干啥?你看人家妹妹,一分钟能跳两百多个。你一分钟跳一百五十个都够呛,你怎么回事啊!再说了,你不是方法的问题,而是你太胖了!"说完,你若无其事地做事去了,嘴里还一直嘟囔:"明知道自己这么胖,还不努力跳,唉!"

听到这话,我伤心透了,再也没了跳绳的心情!哭着回了房间。

妈妈,我很想问问你:你为什么老拿我的胖来说我?我胖有罪吗?我胖还不是你生的,是我的错?因为胖,在学校总被同学说,在家里还被你说,你知道我的处境吗?你懂我心里的苦吗?

家长絮语:

我和我家先生一点儿也不胖,但我们的女儿很胖,这让我很无奈。

　　小时候,她就胖乎乎的。可小时候的胖,每个人都喜欢呀!慢慢地,她长大了,听多了别人说她胖,原本一向乐观的她也开始了郁闷和烦恼。有几次是从学校哭着回来的。问她原因她也不说,我只好问她同小区的同学。同学们告诉我原委:她们班的男生总是说珉珉(女儿小名)胖,这让她很恼火,和几个男同学吵了起来。其中一个男生很过分,发英语本的时候摇着她的本子,在教室里喊:"小肥婆,你的本子!"珉珉当场就被气哭了。老师也教训了那个男生,但是珉珉还是很伤心。

　　听到这里,我的心都碎了。女儿虽然无辜,但胖也是事实。从今以后,她必须加强运动,节制饮食。我给她报了游泳、羽毛球等几项体育运动,还做了个短期的减肥计划。同时,收缴了她爱吃的所有零食。每天学习再累,两百个跳绳必须坚持。即便这样,女儿的体重还是往上增。看着瘦不下来的女儿,心疼她所遭受的一切,我真是抓狂,脾气也暴躁了很多。我多想胖的人是我啊,我多想去帮她承受一切啊!不知道哪位妈妈,可以给我减肥的良方,让我的女儿早日瘦下来!

专家锐评

　　肥胖对于女孩来讲是一个致命的打击,每个女孩都有一颗强烈的自尊心,她可以接受别人的赞美,但是对于批评也只能是选择性的接受。比如你说她贪吃,说她总喜欢睡懒觉,这样的批评她都可以接受,但是唯独不能接受的,就是说她"胖"了。虽然一个女孩长得有点胖,但你不能说出来!即便是父母也不能说她胖!哪怕是说的时候还带着善意的、宠溺的笑。

　　因为在孩子的心里,不明白为什么明明很爱自己的父母会像别人那样子说自己,别人这样说,她已经很难受了,还要接受来自父母

的嫌弃(在孩子心里就会认为是被嫌弃)！接受这方面的信息多了，她对自己的容貌也会产生怀疑，觉得自己不漂亮，没有其他孩子那么可爱，讨人喜欢，从而产生强烈的自卑感。在人群中不愿意抬头，不愿意去和别的小朋友玩。即使女孩子长大了，到了谈恋爱的年纪了，遇到了喜欢的人，也会担心因对方嫌弃自己长得不好看而不敢主动，从而错失了那份爱。对自己强烈的不自信，会阻碍孩子的进步。无论是交友，还是工作，或是日常生活，这句"你太胖了"早已经在孩子的心里产生了阴影，也许会伴随孩子的一生。

妈咪魔法棒

1.父母要注意自己的言辞。父母和子女之间的语言也该有度。孩子长大了，他就是个独立的个体，他需要尊重、理解以及被认同。不要以为他是你的孩子，说了什么都会原谅你。最亲密到疏离的关系，往往就是一句不经意的话。

2.引导孩子对胖的正确认知。《礼记·大学》中"心宽体胖"之胖义为安舒、舒坦、宽适。语言随着历史变迁在演变。在唐朝的时候以丰满肥胖为美的标准，到了现在，人们审美的标准是苗条纤瘦，所以会将"胖"视作一个冒犯性的贬义词。如果父母可以引领孩子对"胖"这个痛点词去追根溯源，求得多方面解证，孩子的内心会宽慰很多。没有哪个孩子是完美的，父母的责任是永远把积极向上的种子种植在孩子心田。

3.帮助孩子从优势方面找回自信。打个比方，虽然你孩子胖，但是如果学习成绩优异，或在某方面技能特别突出，那么那些歧视的目光就不会放在他的肥胖上了。同时孩子的注意力也不会只聚焦在自己的缺点上。学会了接纳自己，她会积极寻找有意义的事情做，获得他人的认同后，会变得更加自信。

4.科学减肥,回归瘦美。"胖"是个事实,我们也必须面对。节制饮食,加强运动是必须的。当孩子体重的确过重时,也可适当科学地进行减肥。爱美之心,人皆有之。女孩子瘦下来的确更美,更自信。

③ 我不是成心说谎

案例

宝贝心声:

"丁零零……"放学了,我背起书包就往校门口跑。这么晴朗的天气,回家吃根冰棍是多么爽的事情!我回到家,发现爷爷奶奶不在家,爸爸妈妈也没下班回家。吃完两根冰棍,肚子咕噜咕噜叫,我只好去蹲厕所。

上完厕所,肚子也舒服了很多。又不想写作业,感觉一个人在家也很无聊。于是我突发奇想,想把可乐装到一个瓶子里。我看见厕所的洗手台上有很多瓶瓶罐罐,就准备拿一个瓶子。刚伸手,就听见一阵玻璃碎裂的声音。我低头一看,原来我把妈妈最喜欢的那瓶香水打破了。糟了!瓶子断成两截,香水味迅速弥漫在家里的各个角落。时钟指向了5点30分,妈妈就快要下班到家了,她要是发现了她心爱的香水没了,不得把我骂死!想到妈妈那高分贝的骂声,想到她那不信任我的眼神,我心里恐惧极了!想了半天,我终于想出一个办法,我先用水龙头使劲冲洗卫生间,再撒上一点醋,直到闻不到香味为止。接着,我找来胶水,把玻璃瓶粘上,再用水把瓶子装满,然后放回原来位置。心想,妈妈肯定发现不了。

妈妈回来了,闻了闻,自言自语地说家里怎么有股怪味?我什么

也不敢说，赶紧装模作样地坐下写作业。她问我今天的作业多不多，我不敢看她的眼睛，只是很轻轻地"嗯"了一声，写字的手也抖了起来。

晚饭后，瞄到妈妈要进卫生间洗澡，我扔下手中的笔，飞快地跑进了自己的房间，关上门，躺在床上，盖上被子，心里默默地说：千万不要被发现啊！

不一会儿，妈妈在卫生间大吼了起来！我知道，我的世界末日来了！

家长絮语：

今天下午回家，闻到家里一股怪怪的味道，总感觉不对。晚上洗完澡，刚想抹点香水，闻了闻，是什么味？低头一看，香水瓶子破了，还用胶水粘过，直觉告诉我肯定是儿子干的。我很生气，走到他房间掀开被子问他："我的香水呢？"

"我怎么知道！"

"我的香水瓶破了，是不是你干的？"

"不是！"

"那是谁打破的？"

"我怎么知道！"

"你在说谎，下午就你一个人在家，肯定是你干的！"听到他说谎，我顿时火冒三丈！

"反正不是我！"

"除了你还有谁？做错了事还说谎？"看到他做了错事不承认，并且是理直气壮地顶嘴，我气急了，一个巴掌扇了过去。

躺在床上，联想到上周老师说他总不交作业，还拿同学的作业本改了名字交差的事；奶奶也说他最近老拿零花钱，被发现还顶嘴。我更是气得睡不着，这孩子什么时候变了？为什么总撒谎呢？以后要是撒谎成性可怎么办呀？

专家锐评

孩子撒谎时,父母会非常生气,特别是谎言很明显时。孩子为什么会说谎呢?有时候,孩子的谎言也是被家长激发的。当父母明确知道孩子犯错时,不应该问那些可能导致孩子防御性的问题,因为孩子也讨厌被质问,尤其是那些明知道孩子犯错,还像警察一样明察秋毫的父母的质问。孩子习惯性的防御就是攻击,他就是想诚实,在面对那种不被信任的审问时,他可能也会选择说谎。所以有的时候孩子说谎真的是被说谎。

谎言背后的真相是什么呢?一是孩子害怕犯错,既然犯错会被惩罚,那说谎就是一种自卫。二是孩子的逻辑思维还没有发育成熟,因此,遇到令他不安并想逃避的情况时,他会编造出和事实截然相反的故事,来掩盖自己内心的不安或恐惧。

对谎言理智的处理方法就是对他的真实意图表示理解, 安慰,给予同理心再循而教之。而不是一下揭穿他的意图或指责说教说谎的人。当孩子说谎时,我们要切合实际,就事论事,让孩子知道,爸爸妈妈理解他,可以帮助他解决问题,他没有必要说谎。

妈咪魔法棒

1.保持冷静不发火。因为孩子撒谎或做错了事而生他的气,会让你无法做出冷静的判断,可能误解甚至伤害到孩子的心。你确定你的孩子对你撒谎了吗?在处理这件事之前,让自己从愤怒的情绪中解脱,保持冷静。一旦你能以一种平静的方式和他交谈,你就能理智地处理孩子说谎这件事情了。如果你的孩子担心自己搞砸了会受到惩罚,他们就不会告诉你真相,这样你就永远不能得知孩子内心的想法。

2.找出他在逃避什么。当你的孩子不诚实的时候,试着去理解撒谎的原因。你可以这样说:"对我来说,这听起来有点像一个故事。你不用害怕。告诉妈妈真相,我们一起解决好吗?"这样,你可以得到孩子的信任,让孩子说真话。

3.让孩子知道撒谎的后果。让孩子意识到撒谎以后的后果,这样他们就知道撒谎以后是要自己承担后果的, 心里也就会有畏惧之心,不敢再轻易撒谎。

4.承认并欣赏诚实。当你的孩子承认做错了事时,及时表扬她的诚实。你可以这样说:"我很高兴你告诉了我真相。我喜欢你诚实的样子。"乘机可以讲《皇帝的新衣》《狼来了》和《匹诺曹的故事》给他听。

5.不当孩子的面说谎。如接电话时明明在家里,却说在外面,孩子听见了,会问:"妈妈,你在家里怎么说在外面?"你怎么回答?父母是孩子最好的榜样,教会孩子那些不伤害别人,也不会有损自己的做人之道,随着时间的推移,我相信他们会学会不说谎。

④ 老师,你错怪了我

案 例

宝贝心声:

我总被老师错怪,这让我很苦恼。

一年级下学期的时候,刚在学校吃完午饭,我和同学在操场上玩耍。老师把一包纸巾给了站在我身后的罗歅樾保管。要知道,这是我们班的公用纸。

老师叮嘱我们注意安全后就宣布解散,同学们迫不及待地玩开

了。罗歆樾顺手把纸巾放在操场上,也去玩了。这时候,操场上可是很乱的,全校大部分班级吃完午饭后都会到操场上玩耍,我们班也不例外。

就在我刚要抬脚跑去追逐时,我看见一群人跑着从我们班的纸巾上跨过去,一个同学没注意,一脚踩在纸包上,包装袋破了,风一吹,纸巾散落得到处都是。我慌忙跑过去,不断地捡起纸巾往破了的袋子里塞。刚装到一半,在操场值日的熊老师就走了过来说:"你怎么把纸巾弄了一地呀?回头我告诉你们班主任去。"我心想:又不是我搞的,你怎么不问问原因呢?可是我不敢申辩,只能胆战心惊地等着熊老师去告诉班主任。黎老师找到我们的时候,只叫我和罗歆樾每人带 3 包纸巾来,让全班同学用。

回到家,我问妈妈要 3 包纸巾,妈妈问你要那么多纸巾干吗,我解释不通,只能任凭妈妈用异样的眼光看着我。第二天,我郁闷地带了 3 包纸交给老师。

二年级的一个中午,阳光明媚,我背着书包,哼着歌,轻快地去上学。这时从旁边的一条小路上走来了一位二(2)班的同学,她热情

地和我打招呼："你早呀,王小冉。"

我一看,这不是艾可微吗?我和她边走边聊。走到小鱼池的时候,一辆电动车从我们身边倏地过去了。我和艾可微一直在讲话,并没有看见刚才过去的电动车上坐着的是我们班的语文老师朱老师,所以我还是只顾着和同学讲话。要是在平时,见到朱老师我都会叫的。

"王小冉,你怎么见到了我,也不叫我呢?"朱老师停下了电动车问。我如梦初醒,呀!原来刚过去的电动车上坐着的是朱老师啊!我刚想和朱老师说句"早上好",可是朱老师已经以为我是故意不叫他的,没容我解释,电动车又"倏"的一声绝尘而去。哎!我被老师错怪了。我顿时像霜打过的茄子——蔫了!刚才对我欢叫的小鸟也不叫了,太阳也背过了脸,风儿吹得我瑟瑟发抖,我无心再与艾可微谈笑,像霜打了的茄子一样往学校走去。

下午语文课,我几次抬起头,目光刚与朱老师对视,朱老师就看向别的同学,几次我举手想回答问题,朱老师都没点到我。下课了,我心里特别难受,我很想找到老师解释早上发生的事情,可是,我没有那个勇气……

家长絮语:

我家女儿是一个特别乖巧懂事的孩子,学习上基本不用我操心,每天放学回家第一件事情就是做作业。作业做完,还会帮我收拾一下家务。从幼儿园开始,她就自己洗自己的小袜子小衣服。我们工作忙,加班加点晚回家是常有的事,她自己会煮面条煮水饺,还会做简单的饭菜。

不知怎么的,感觉孩子上了三年级就变了,不再是以前那个叽里呱啦和我们分享学校里趣事的小姑娘了。她变得胆小、敏感,不爱多说话了。学校里布置的任务她就是到深夜也要完成,不然第二天不去学校。还特别交代我们不许到学校里打听情况。报学校里的兴趣班时,想上不想上的一股脑让我们给她报,问她原因她就说我们

同学都报了,我能不报吗?孩子想学习更多的知识我们不反对,可是总感觉哪里不对。哎,烦恼!

专家锐评

当孩子感觉到被老师错怪时,解决问题最根本、最有效的办法就是主动找老师澄清误解,把事情的原委跟老师说明白。如果当时情况不适合解释和澄清,应留待以后找机会澄清误解,千万不要把积郁压在心里,造成过重的心理负担,改变自己的性情,影响今后的学习和生活。王小冉同学如果第一次能勇敢地向老师说明情况,相信老师不会误会她,她也不会因此郁郁寡欢,以后碰到类似的情况就能勇敢说"不是"!

被老师错怪,这在校园里很普遍。家长要引导孩子不要把事情的性质放大。站在老师的角度想一想:平时老师带的学生很多,遇到的事也多,不可能每件事情都了解得十分清楚,每件事都处理得非常恰当,有时也难免有失察和处理不当之处。不要把老师的错误拿来惩罚自己。当老师和家长感觉到这个孩子平时的行为与他以往的性情不相称时,要特别留心注意,成长期孩子的心理有时会脆弱得像一朵花,要细心呵护,引导其茁壮健康成长。

妈咪魔法棒

1.父母耐心倾听,先给予同理心。我们成人被人误解或错怪时,心里也不好受,更何况是一个孩子。孩子被老师错怪后,心里十分委屈,通过诉说是希望得到别人的理解,所说的过程也能缓解他的情绪,这时候父母要学会耐心倾听,专注全面地听孩子对事件的来龙去脉的详细叙述,给予她同理心。

2.教会孩子去体谅。孩子倾诉完烦恼,家长要学会给他心理安

慰,表达你的态度和想法,比如,我知道了,你的确没做错什么。家长要让孩子明白,老师错怪孩子并非出于恶意,先让孩子从思想上主动消除对老师的反感。告诉他,老师每天面对那么多学生,学生又具有千差万别的个性,一时观察、判断错误在所难免。倘若能让孩子这样设身处地地为老师想一想,体谅老师,孩子就能一如既往地与老师和睦相处,而不会对老师感到失望或加重自己的心理负担了。

3.鼓励孩子去解释。错怪本来是一种误解,一旦消除误解,问题就会解决。因此,家长在得知孩子被老师错怪后,一定要鼓励孩子去向老师解释,或请孩子的同学从旁观者角度向老师解释,以消除老师在一时一事的认识上的偏差。小孩子特别在意老师对自己的喜欢程度,从某种程度上讲,老师对一个孩子的喜爱,可以影响他对这门功课的学习动力,或是最初的三观形成。

4.要让孩子学会自我反思。自己为何会被老师误解,除了老师的责任之外,自己是否有某些行为容易引起老师的误解,比如王小冉没有向老师问好的这件事,或许老师是故意停下来和你开个玩笑呢? 你如果心里有疑惑,是不是要敢于向老师去求证呢?

5.家长帮助孩子与老师沟通。作为家长,在了解清楚事情的来龙去脉之后,如果孩子还是没有勇气去和老师沟通,那家长就要帮助孩子去沟通。家长和老师在教育孩子时,两者是伙伴关系,并非敌对关系,在交流的过程中,语气尽量缓和,重点是让老师明白自己的错误,让老师对孩子的看法得到转变,这也有利于孩子的健康成长。

⑤ 同学,你的语言我伤不起

案 例

宝贝心声:

我那个野蛮老同桌,她坐在我旁边数年,从不考虑我的感受。

她总是拿出她的笔来炫耀。常常对我说:"你看你看,我妈又给我买了一大把百乐,这你总没有吧!"我看她那笔,也没什么可以炫耀的,心想:不就是牌子有名一些,我也有啊!但我没说出口。

她还总是抄我的作业,她每次都想不劳而获,要不就不写,要不就等着抄答案。每次看我写完作业,就对我吼道:"丹尼(她给我取的外号,是小猪佩奇中小狗的名字),你把你的作业给我'借鉴'一下,快!"这样做已经成千上万次了,我实在忍无可忍,我也吼道:"我的作业是我千辛万苦做出来的,为什么要给你看!"她却一脸嫌弃地说:"死乡巴佬,谁要抄你的作业哦,真是的!"看我没理她,她继续用更恶毒的语言骂我,"垃圾,瞧,你的那个头就像一个垃圾桶一样,我们班的垃圾以后都可以往你这个'垃圾桶'里扔了!"

我恨得牙痒痒,却蹦不出一句骂她的话。同学们也为我抱不平,她却用更多我说不出口的语言来攻击我,骂我。

这就是我的主要烦恼,她一直用语言攻击我和其他同学。她就像电影中的"八婆",让我烦恼,让我难受。

家长絮语:

我发现我家孩子最近情绪特别不稳定,只要我说她的声音稍稍大一点,她情绪就很激动,不是给我脸色看,就是把自己关在房间里。记得小时候她是个人见人爱的好姑娘,见到谁都会礼貌地打招呼。现在长大了,怎么像变了个人似的。

专家锐评

语言是世界上一种奇妙的事物,也是我们沟通的重要工具。语言对于我们有着无与伦比的重要性,语言用得好可以救人,用得不好亦可伤人。

校园的语言暴力是一个严重的社会问题,已经引起社会大众的普遍关注。语言暴力虽然不像行为暴力那样伤害身体,但是对学生的心理会造成伤害。因为人都有被尊重、被理解、被关爱及归属感的需求。如果一个人长期被语言伤害,他的痛楚得不到释放,轻者心理压抑,重者人格分裂。在以后的人生成长道路上,人际交流方面容易过分防御,会变得战战兢兢,谨小慎微,也有的会变得易怒暴躁,从而对别人形成暴力伤害。

妈咪魔法棒

1.正面解决。在校园里,学生之间发生语言冲突,是难免的事。若及时和老师沟通,学校和老师应该会第一时间解决,相信最初的普通的语言冲突就不会演变成语言暴力。如果老师出面教育问题得不到解决,再申请由学校出面,找来当事人的家长,双方当面友好沟通,共同想办法解决。

2.从小培养孩子的抗挫力,告知孩子要勇敢面对。孩子不是温室里的花朵,一辈子被呵护在温暖的环境里。所以要有意识地从小培养孩子的抗挫折容忍力。

3.多种途径帮助解决。如果老师或自身还是不能正面解决或应对,那就可以寻找多途径解决,如想办法换个环境,转个学。事态太严重可以申请法律援助,保护孩子身心健康的权益。

6　爸爸,我不想去上学

案　例

宝贝心声:

上午,我走进学校,看见丁老师的女儿低着头一个人在那玩积木。我走过去和她打招呼,却看见她黑着个脸,小嘴撅着,不高兴的样子也显得那么可爱。我低下身子逗她:"依依,你今天怎么没去幼儿园哪?"她白了我一小眼,不说话。我想讨好她,掏出一个橙子给她吃,她立马生气地说:"不要!"丁老师在旁边连忙示意我:"嘘,不想去幼儿园。"

中午在办公室,丁老师突然对我说:"饶老师,我家依依把幼儿园老师抓伤了!"

"怎么可能,你家依依还那么小!"我的第一反应就是丁老师在和我开玩笑。丁老师见我一脸不相信的惊讶表情,无奈地摇摇头,苦笑着掏出手机,把幼儿园老师发给他的图片放大给我看:图片上老师胳膊上六七道被抓伤的指甲痕清晰可见,斑斑血迹仿佛隔屏也能渗透出来。我惊讶于一个4岁孩子力道有如此之大,对着丁老师打趣:"有其父必有其女哈,豪横!"我更惊讶的是,孩子为什么会这样呢?丁老师向我描述了事情的大致经过。

家长絮语:

每天我们都是7点叫醒孩子准备就绪就去上幼儿园。可能是昨晚她睡得太晚,今早她还不愿意起来。在我们一再催促下,她无奈地穿衣起床。可是撅着一张嘴,满脸的不高兴。洗漱完,奶奶给她盛了一碗粥,剥了一个鸡蛋,她也没怎么吃,一直叫肚子疼。我估计是昨晚空调开得太低了,冻着了,让她精神不太好。

下楼,上了车,我问她肚子疼不疼,她说不疼了,不用去看医生。看她情绪不怎么高,我只好停下车,让她在便利店选了一颗棒棒糖。吃着糖的她,情绪似乎好了很多。又带她到了我办公室,让她玩了会儿积木。

赶到幼儿园,时间已经是9点,幼儿园门口有点冷清,小朋友们基本都入园了。估计依依也吃不到幼儿园里丰盛的早点了。门口值日的老师看见我们到来,走过来想牵依依进去,依依却死命地抱住我的大腿哭喊着:"我不要上学,我不要去幼儿园!"我急着回校工作,也没耐心哄她,就让幼儿园的老师把依依强抱着进去。

到了学校没半小时,老师的微信图片就到了,并告诉我依依不仅抓伤了抱她进园的值日老师,到了教室后,又哭叫着跑出教室,把上去追她的教学老师也给抓伤了。我连忙赶到幼儿园看望了老师并致歉,但我没有带她回家。

下午我去接她的时候,上了车,她的头一直低着,很久,她才突

然对我说:"爸爸,今天学校发生了一件很恐怖的事,比鬼片还恐怖!"

"那是什么事呢?"

"我不敢告诉你们,因为你们会打死我的。"那一刹那,我就明白了她的小心思,哎,今天这件事是我们的失责呀!以后我们再也不会让孩子那么晚睡,也不会让孩子再留那么长的指甲。

专家锐评

依依不想上幼儿园,其一是因为身体不舒服,其二是愿望没有得到满足,其三是情绪没有得到理解。其四是当天心情有点不美丽,就是不想上幼儿园。当孩子出现这种情况的时候,家长要学会缓和孩子的情绪,不要带她强行入园,了解她的需求后再着手解决问题。

其实孩子不喜欢上幼儿园是正常的。相比较在家那无拘无束的状态,在幼儿园里,学习会被老师管教,行为活动会被约束。尤其在周末或是过了一个小长假之后,很多小朋友会抗拒上幼儿园,因为假期在家过得很舒服,可以晚睡、晚起,可以任由自己爱玩什么玩什么,想吃什么吃什么。而幼儿园有一定的规章制度必须遵循,如吃饭有时间规定,做什么菜吃什么菜,不能偏食;中午也要午睡等等。一想到上幼儿园又要接受约束,他就开始有排斥或抵触的行为了。

也有的小朋友是因为刚去幼儿园,陌生的环境,陌生的关系,还不能融入集体,自然不会和其他的小朋友玩到一块,心理上感觉很孤独,所以也强烈抗拒上幼儿园了。

妈咪魔法棒

1.勤剪小指甲。小宝贝的小指甲可是个利器,有时会挠伤自己也会挠伤别人。家长们要定期检查她的小指甲,定期修剪,不给她留下

伤人、伤自己的机会。

2.养成正确的作息时间。孩子在家里的时候,爸爸妈妈爷爷奶奶全部宠着他,有时候吃饭作息不规律。比如说吃饭时,全家人追着孩子喂,吃一口玩一下,或者拿着零食当正餐,什么时候饿了什么时候吃饭,中午不睡觉,晚上很晚才休息。如果是这样的作息规律,肯定适应不了幼儿园的集体生活。所以家长要在孩子上幼儿园之前,培养孩子按时作息、规律饮食的习惯。

3.耐心沟通不急躁。当孩子在和你表达她不想上幼儿园时,不要责备,不要急躁发火,要耐心引导他,问问他为什么不想去幼儿园,有什么想法告诉爸妈,爸妈帮他解决。清楚了她的需求,才能对“症”下药。

4.正确引导不责怪。依依对于自己抓伤老师的事情还是很害怕的,可以从她用了“恐怖”这个词看出。所以这时候父母一定要及时疏导孩子的心理,告诉她事情虽然做错了,但能正视自己的错误并向老师及时道歉,这是个很棒的行为。相信老师和小朋友都会原谅她,还是会一如既往地喜欢她,给她第二天去上幼儿园消除心理阴影。

5.多给孩子看有益的影视作品和书籍。孩子小,不太适合看一些成人惊悚片,多给孩子读一些温情的充满“爱”的中外经典绘本故事,如《逃家小兔》《猜猜我有多爱你》《妈妈的红沙发》《大卫,不可以》等。“爱”,对上幼儿园的小朋友来说是一个抽象的字眼,而我们可以借助这些故事向孩子传达爱的实质,教会孩子们去爱。爱是可以教的,当孩子生活在爱的怀抱中时,她(他)的性情一定是温和的。培养孩子爱心的一种途径就是让孩子们感受到被爱,因为爱像个水桶,只有先将水灌满,才能倾倒出来。

⑦ 我不想给手环,就要被打吗?

案 例

宝贝心声:

我第一次被同学打,是在一个炎热的夏天。

那时我刚上小学一年级,因为是夏天,蚊子特别多,然后妈妈就给我买了一个"樱花"驱蚊手环,这样我就不会被蚊子咬了。因为这个手环很漂亮,我们班长也想要。

一天,班长来问我:"你可以把手环送给我吗?"

我一听,急了:"这是我妈妈买给我的,为什么要送给你呢?"

班长不耐烦地恐吓我:"你不给我,我就去告诉老师你带玩具!"

我还是很坚定地说:"这不是玩具,这是驱蚊的,你不信的话我可以让我妈妈告诉老师。"

"你不给是吧?"她气势汹汹地过来抢了去。

"反正今天我就是不给你!"我一把又抢了回来。结果班长一巴掌重重地落在我的肩上。我很委屈地想:你是班长就什么都要听你的吗?就可以抢别人的东西吗?我带着泪水跑到老师的办公室,把事情告诉了老师。老师站在了我这边,我心里才开心了一点。

事情没过多久,她又问我要钱,我不给,她却告诉老师,说我偷了她的钱。幸好老师查清楚了,我才没被冤枉。

不过,从那以后,我发现我们班的女同学都说我小气,都不愿意和我玩,我很孤独,也很难受。

我不明白,不给东西就要被打,被冤枉吗?

家长絮语：

一到夏天，我家宝贝就会被蚊子咬得到处是包包，涂了药膏也不管用，同事给我推荐了一款驱蚊手环，很漂亮，宝贝很喜欢。晚上睡觉，白天上学，宝贝都戴在手上，我摘一下都不行。

一天放学，看见宝贝的脸上有点小泪花，我连忙问她，她却扑在我怀里"哇"的一下哭出了声。在我再三追问下，她才告示我学校里发生的事情。我简直气炸了，什么年代了，学校里还有这样的恶霸！给老师打完电话后，我又气女儿太胆小，告诉她以后谁打了你，你就还手！可我的女儿天生文静胆小，要她去打人那怎么可能呢？难道胆小的孩子在学校里就要被欺负吗？

专家锐评

事实上，孩子从两岁到幼儿园、小学、初中、高中……在集体中生存，都要面对或这或那的困扰，如被取外号、被人嘲笑、被孤立、被冤枉、被误会、被抢东西、被打、游戏中被不公平对待等。孩子在社交中遇到了这些问题，因为不能清楚表达，只能藏在心底，如果没有疏导，这些遭遇会慢慢成为他们胆小、自卑、不自信的根源，而我们家长却全然不知。

如果你的孩子在校园遭遇了此类事情，一定要和孩子的老师沟通，把情况也告诉学校。还要告诉孩子，无论在校外或校内遭遇强抢，事后要报警，不要盲目反抗，注意自身安全是最重要的，同时密切关注孩子思想情绪，给予心理疏导，再告知一些安全防范措施。

妈咪魔法棒

1.不能盲目教孩子做一个大度的人。爸爸妈妈平常都会教育孩子，要做一个大度的人，好东西要学会和朋友分享。这个教育点本没

错,错的是混淆了一个概念:抢夺和分享。自己的东西,我愿意拿出来和别的小朋友一起玩,一起使用,这个叫分享;而我自己的物品不愿意给你玩,你非要抢去,我去和你争,这是捍卫自己的权利,这个叫作捍卫。二者最大的区别,一个是自愿的,一个是被动的。孩子在成长过程中经历的事情很多,教会他们如何捍卫自己的权益很重要。

2.教会孩子勇敢说"不"。在这个世界上是有默认法则的,谁的东西属于谁是最基本的常识,别人生硬来抢是没有用处的;同时也要教育自己的孩子,面对强权的时候,不要畏畏缩缩,要主动站出来,保护自己的东西,这样才能赢得别人的尊重。一个面对强权可以勇敢说"不"的孩子,才是一个能让爸爸妈妈放心放手的孩子。

3.给孩子正确的心理疏导。校园里,这些事情每天都在发生。老师的工作很忙,不能事必躬亲,有遗漏有疏忽很正常。家长如果第一时间知道了,要及时与学校、与老师沟通,获得解决的办法,不能让孩子长时间处在这样一个被孤立,被误解的环境里。更重要的是及时给孩子正确的心理疏导。告诉孩子,如因为这件事,同学不和你玩,那是因为很多同学不了解事情的真相,你可以主动去找同学玩,和同学解释事情的真相,相信同学都能理解你的。

4.培养孩子自我保护意识。孩子在学校里遇到这些问题,不能只依靠爸妈出面解决,也不能只依靠报告老师,让老师出面解决,更要靠孩子自己掌握一些自我保护的意识和勇气。如,孩子小的时候,父母带他出门,可以有意让孩子去问路;可以人为地制造一些小困难,有意识地培养孩子解决问题的能力, 帮孩子树立克服困难的信心,长大后,孩子才可以游刃有余地处理学习和工作中遇到的难题。

5.金钱及贵重或新奇的物品尽量不要让孩子带去校园。不要给孩子制造受伤的条件或机会。

⑧ 妈妈,我不要穿裙子

案例

宝贝心声：

"我不穿裙子！"当妈妈买了一堆新衣服时,我都会感到前所未有的压力。望着手上的粉色裙子,床上的绿色裙子,地板上躺着的五颜六色的裙子,我头上不断地冒冷汗。

"唔……虽然说,夏天嘛……穿裙子会比较凉快,但是我更喜欢穿裤子之类的……"我对站在旁边来找我玩的两个同学说。

"其实,我觉得这个裙子挺不错的。"一个同学说着,从衣服堆里扯出一条长裙在我身上比画着。

"嗯,不喜欢。"我连连推开她的手。

"你不喜欢长款的额,可以试试短裙。"说着,又从衣服堆里给我扒拉出一条短裙和一件 T 恤。

"穿穿看嘛！"她推着我到了镜子前。

"但是我拒绝！"我说着远离了她几步。

"吼吼,穿出来让我们看看！"她还是不放过我。

"她不想穿就别强迫她啦！"另一个同学一只手扶着我。另一只手轻轻地拍着她的肩膀。

"好吧……那你告诉我为什么不喜欢穿裙子吗？"说完她朝我逼近。

"额,好吧。"我揉了揉太阳穴说,"你知道的,我腿上挺多疤的。"

"这个我知道。"她托着下巴目不转睛地继续看着我。

"这是原因一。原因二是穿裙子,腿上空落落的,没有安全感,摔跤也容易破皮。"我终于挤出了两个答案塞给她。

"然后呢？"

"没了。"

"就这理由？"她露出了疑惑的表情，另一个默不作声的同学也露出疑惑的表情。

唔，就是不喜欢穿裙子嘛！至于原因，打死也不会告诉你们啦！也包括我妈。

家长絮语：

我女儿从小就很漂亮，可这么一个漂亮的姑娘就是不愿意穿裙子，急坏我了。

夏天到了，看到许多女孩都穿上了色彩鲜艳、个性分明的漂亮裙子，我内心可羡慕了。想想家里我给她买的那一柜子的漂亮小裙子，回头再看看我家的小姑娘，永远是一条牛仔裤、一件长袖上衣，把自己包裹得严严实实，我简直泪奔。问她："你穿这么多，教室里又没空调，不热吗？你看那个小姐姐，穿小裙子多漂亮啊！"

"妈，你又来了！"咬着冰激凌的女儿满脸不高兴。

"你为什么就不愿意穿裙子呢？你知道妈妈多想看你穿着裙子在街上走一圈啊！"我还是不死心，继续引诱她。

"你好烦！我回家了。"女儿丢下一句话就跑远了。唉！

专家锐评

高跟鞋和裙子，是女生无法抗拒的两大法宝，可现在却有很多女孩子不愿意穿裙子。社会上也出现越来越多中性打扮的女孩子。为什么会出现这种情况？

和家庭有关。有的家庭几代单传，特别重视男孩子，女孩在这样的家庭里成长是不被重视的。时间一长，她就体现在外表上，心里不认同自己是女孩子。她不愿去做女孩子做的事情，反而愿意去做

男孩子做的事。

和父亲有关。许多研究显示,家庭教育父亲角色不能缺失。如果父亲跟女儿的关系好,这个女孩就会女性化;父亲跟儿子的关系越好,男孩子就更加男性化。如果女儿跟父亲关系不和,她会为了得到爸爸的认同,去模仿爸爸,希望得到爸爸的肯定和爱。

和性格有关。有不少女孩,小时候是被'放养'的,爬树掏鸟蛋下河摸鱼虾等技巧,不比男生差多少,久而久之,养成了不愿受约束的洒脱性子。如果需要大大咧咧的她们穿裙子扮淑女,比登天还难。没办法,率性而为就好,怎么舒适怎么穿,不用在意别人的目光和想法。

和身体状况有关。有的女生身材比例不协调,腿短、腰粗的,或是腿毛过长的,脚背不光滑或是有烫伤疤的等,为了自己的不完美不显示在大众的眼里,也不愿意穿裙子。

和环境有关。有的女孩小时候爱穿裙子,长大了却不愿意穿裙子,和环境是有关系的。有个学生曾经告诉我,说她们学校的一些男生喜欢在楼梯下拿手机往上偷拍女孩上楼时的"风光",所以很多女生都不敢在学校里穿裙子。再则,穿裙子上体育课或做运动时不是很方便。

妈咪魔法棒

1.了解情况。女孩不穿裙子时,不要当时数落孩子,把孩子哄开心后,慢慢问问孩子为什么不喜欢穿裙子,听听孩子的真实想法,幼小的孩子的想法一般都比较单纯,要耐心给孩子解释,打消孩子的顾虑。到了青春期的女孩还不愿意穿裙子,就不要勉强了,因为女孩的生理期总是不方便的。

2.看照片或视频。俗话说"爱美之心,人皆有之",平时妈妈可以

多给孩子看一些漂亮小女孩穿裙子的照片,让他们产生一种羡慕的感觉。也可以告诉她,穿裙子可以修饰自己身材不完美的地方,比如腰粗、膀圆或是身形比例不匀称等等。

3.让孩子自主选择。带孩子买衣服时,让孩子自己选择自己喜欢的裙子,自己挑的肯定喜欢,也愿意穿。孩子高兴后,让孩子试着穿一下裙子,当孩子穿上裙子时,家长要及时夸赞漂亮,没有哪个女孩不需要被赞美。

4.穿亲子装。妈妈可以买亲子装,和孩子穿同样的裙子,看起来有趣又漂亮,走在街上回头率特高,孩子也是很开心的。

5.送裙子当礼物。孩子肯穿裙子后,生日或一些重要节日时,可以把裙子当礼物送给孩子,鼓励孩子穿着漂亮的小裙子走亲访友获得赞美,或穿着裙子表演节目,再给予肯定和表扬,孩子就会越来越不抵触裙子了。

6.塑造女孩柔美的性格特点。现在女孩穿衣很多中性化,和性格是有关系的。妈妈可以让女孩从小就进行琴棋书画、煮茶、插花等方面的学习。

⑨　妈妈,不要偷看我的日记好吗?

案例

宝贝心声:

最近心情不好,上了六年级,发现烦恼都来了!

先说作业。每天作业量比低年级时翻了几倍,如果我们抗议,老师马上说:“你们都六年级了,还不抓紧,明年要不要考进师大附中啊!再抱怨,我再加几张试卷,试卷我那儿多得很,要不要啊!”这句

话是老师的撒手锏,教室里立马变得鸦雀无声,紧急进入一级备战状态。

再说那些讨厌的男生。每天中餐吃饭,老师都是安排男生轮流抬饭盒餐盘回食堂,所以守候在教室等女生吃完饭的任务就非他们莫属了。他们可以借机趾高气扬地催促我们这些吃饭慢的女生。稍微看哪个女生不顺眼,就恶作剧,如编排谁谁谁喜欢你,还煞有介事地写起了小纸条塞进女生的书包里。我们又不敢告诉老师,只能忍气吞声地受了,只在心里臭骂了他们几百遍。

更可气的是我妈。可能是提前进入更年期了,每天有事没事就瞄我的书包,瞅我的脸色。我看得真烦。尤其过分的是竟然偷偷翻看我的日记,这真让我忍不了了!和他们沟通吗? NO,不要自找麻烦,爸和妈都是最强思想工作者,二者强强联合,会把你摧毁得片甲不留。上有政策,下有对策,我把日记上了锁,看你们怎么看!

家长絮语:

最近十分焦虑,因为我发现女儿似乎有早恋的倾向。

周末,女儿带着个小袋子补课去了,平常上学的书包没有带。书包是浅颜色的,背的那一面有点发黄,我想帮她洗洗。于是,我把书包里的书掏干净,又发现里面有几张折叠起来很漂亮的纸条。好奇打开一看,"嗡"的一声我头大了!纸条貌似一个人的笔迹,写的都是网络上流行的喜欢你的赞美之词,我真是好气又好笑。这么小的孩子,懂得什么是喜欢哦!晚上,和孩子爸爸说了小纸条的事,孩子爸爸反应比我激烈,提醒我说,不可小觑,因为孩子明年就上初中了!对的,想到她快到青春期了,我一下子慌了神,青春期的孩子更容易早恋,一不小心走错了路,那将来怎么办呀?明年是孩子小升初的关键时期,因为这懵懵懂懂的感情一下子成绩下降怎么办啊!

于是,我处在了焦虑当中,开始在上学的路上尾随她。在她睡觉后,偷偷翻看她的书包和日记,看能不能再发现一些蛛丝马迹。一

次,我刚打开女儿的日记本,被夜间上厕所的女儿发现了,女儿很生气地抗议,喊着:"妈妈,你凭什么偷看我的日记啊!你太让我看不起了!"我一时也窘得无地自容,口不择言地怼回去:"我是你妈,有什么我不能看的啊!"在激烈的争吵中,女儿一气之下把日记本撕碎了,然后夺门而出。孩子的爸爸立马追了出去。

从那之后,女儿像变了个人一样,放学一回家就"砰"地一声关上房门,吃饭也板着个脸,也不和我们说笑,并且还把她的小抽屉上了锁。

我该怎么办呢?是不是女孩子长大了都这样啊!

专家锐评

电视剧《虎妈猫爸》中的茜茜主动写日记,记叙自己每天的快乐与忧伤。而妈妈毕胜男却把看孩子的日记当作理所当然,甚至强行检查。茜茜仿佛被泼了一盆冷水般心灰意冷。后来茜茜就准备两本日记,一本给妈妈看,一本写给自己看。真的是上有政策下有对策。作为父母,我们经常强调要尊重孩子,尊重孩子的情绪,尊重孩子的人格发展进程,方方面面都要落实,要把孩子当作一个亲密无间的朋友来对待。但是对于空间,我们给过孩子足够的尊重吗?我们什么时候才能真正让孩子自由使用自己的空间呢?

有的父母也许会说,这样做也是为了孩子啊,如果不了解孩子心里的想法,不了解他的一些事情是不是正确,那怎么帮助孩子健康成长呢?然而事实证明,这种行为,往往会伤害到孩子,造成孩子沉重的精神压力,甚至使孩子产生敌意和反抗,孩子也会因为自己的隐私受到侵犯而采取更极端的措施,将自己保护起来,并把自己的心紧紧锁住,导致亲子关系被破坏。

如果像案例中说的母亲那样,去窥探孩子的隐私,这无异于在

敲打一个花瓶,让孩子的心碎了一地。一旦双方产生隔阂,再对孩子进行有效教育就困难了,每个孩子内心都有不能说的秘密,尽管孩子内心的那个秘密并不一定是完全正确的,但这些都代表着孩子的成长,也是孩子成长中的一种正常现象,所以,作为父母,应该给予孩子充分的尊重。

你开启了孩子的秘密世界,你就锁住了孩子那颗向你敞开的心。

妈咪魔法棒

1.没有隐私的孩子长不大,尊重孩子的隐私。每一个人都有自己的心理边界,就如一座"心理围墙"。自己在围墙之内才会觉得安全,而一旦有人强行进入自己的领地,便会引起相应的心理应激。对于一个成长期的孩子来说,如果他的心理边界老是被打破或被侵入,会激起他内心的反击。因为他觉得没有了安全感。当孩子的日记上了锁,当孩子坚决不肯透露自己的游戏密码,当孩子把自己的小秘密锁在了自己的抽屉里……这都是孩子独立意识和自尊意识的体现,是孩子走向社会的前奏曲,没有隐私的孩子是长不大的。父母亲要懂得尊重孩子的隐私。

2.和孩子做朋友,亲情不掉线。可能有的父母会说,难道孩子的事,我们就不能关心了吗？就由着他？其实,尊重孩子隐私不是这个意思,对于孩子的事情,要过问,但要讲究方法,明确指导思想。当你用语言和行为去尊重孩子时,孩子也会同样尊重你,从而把你当作他的好朋友,当他们遇到什么事或者心中有秘密和困惑的时候,就会有可能主动向你说起。

学会和孩子做朋友,亲情不掉线,亲子关系也就越和谐。

⑩ 老师,这道题是你错了

案例

宝贝心声:

一次,数学考试完后老师发下试卷,我的试卷分数居然没上95,我沮丧地借来同学满分的卷子和他对答案,我发现有一道题和满分卷子的答案是一样的,但我却是错的。这一道题3分哪,如果加上这3分,我就95了!唉,我想再写一遍答案,又觉得这样做有点亏大了,但是我又害怕老师检查时批评我没有进行订正。这让我左右为难,又很害怕。

回家后我只能把试卷拿给妈妈签字,妈妈很忙,也不看一下试卷情况就敷衍地签了字。我拿着试卷把自己关在了房间里,很久我

都没有出去。

妈妈虽然很忙，但也会时刻关注我，她发现我很久没有出去，于是走进了我的房间，再一次看了一眼我的试卷，她经过计算也觉得我错的那道题是对的，她安慰我，让我不要难过，明天去找老师说明原因就可以了。我有点勉强地点了点头。

第二天，我拿出试卷和班长讨论了一会儿，班长知道了我为难的原因，就自告奋勇地说他来帮我完成这件事。我心里很高兴，但是转身一想不对，妈妈说过，自己能做的事自己做，不能让别人代劳。想到这，我鼓起勇气朝老师办公室走去。

可快到老师的办公室门口了，我的心里又犯起了嘀咕：老师会不会说我多事？老师会不会认为我小题大做？老师会不会恼火地让我走开？很多想法油然而生，让我左右为难，不知道到底该怎样做了，那么我到底该怎样做呢？

家长絮语：

我家宝贝有时候让人很苦恼。在家里嘛一张小嘴叽里呱啦什么都会说，但到了大场面，她就怯场。为此我没少操心。什么播音班，什么语言表演，还有每年的夏令营，为了锻炼她的胆量，我统统都报。

上一周，数学考试结束，拿回的试卷我扫了一下分数，也没细看题目的对错情况，就签了字让她回房间写作业，可这家伙到了晚饭时间也没出来，我就觉得奇怪。到了她房间，看她耷拉着脸、闷闷不乐的样子我就知道有事。在我再三追问下，她才说老师改错了她的试卷。我有点不信，仔细计算了一遍，宝贝的答案还真是对的。我鼓励她明天回校向老师说明情况，她勉强地点了点头。

晚上回来，我问她和老师说明了情况没有？她红着脸摇了摇头，眼泪还扑簌簌掉了下来！我那个气呀！真想一巴掌……唉，谁让是自己亲生的呢！

专家锐评

在家叽叽呱呱,在外怯懦胆小,案例的小朋友这样的性格不是个例。这是为什么呢?因为家庭是孩子从小生活的环境,在孩子心里,那属于个人的安全区。在家能干什么不能干什么她很清楚。所以大部分孩子在家是放松甚至是放肆的。在外不是自己的地盘,没有人可以包容忍让,自然会谨慎、乖巧。孩子都冰雪聪明,他能分辨出什么场合自己需要什么样的安全领地。

孩子会黏家人,家里家外两种表现,也是她试图从亲近的人身上获取心理能量的表现。做父母的别心急,也别催促她,花开了,自然会结果子,秋天到了,果子自然就成熟了。等孩子准备好了,内心自然就强大了。在这过程中,家长要敢于放手让孩子独立完成一些简单的事情,自己的事情尽量让他们自己做,能够包容孩子的一些缺点和过错,使孩子真正敢于尝试。

多些鼓励,少些否定,胆识就是这样一步步被锻炼出来的。

妈咪魔法棒

1.父母要表现出对孩子所说的话感兴趣的样子。明明在客厅玩乐高,不一会儿,他把小飞机拼好了,跑到厨房给妈妈看:"妈妈,你看我的飞机好看吗?"妈妈一边在忙,一边说:"去去去,没看到我在忙,你自己玩去!"在孩子要表达自己的想法时,父母要表现出对孩子想说的话有很大兴趣的样子,鼓励孩子把话说出来。对于孩子说出来的话,无论多么幼稚无知,父母都要认真地、耐心地听他说完。哪怕再忙,也可以用面部表情和身体姿态表示你的认同。不可以让他觉得他是被忽略的,时间长了,孩子对父母没有了信任,在某种程

度上也丧失了自信。

2.父母不要处处否定孩子,把"话语权"还给孩子。平时孩子兴致勃勃地和你说学校发生的事或是小伙伴之间的事,一定要耐心地听完,再发表意见。不要听到一半,就指出孩子的错误,或者把孩子后面要说的话说出来。你总是这样武断,只凭自己主观臆断孩子的事情,不能接纳倾听孩子内心的声音,孩子那一点点的勇气都被你挫没了,又哪来的自信呢?父母要给孩子创造一个宽松和谐的成长环境,并且鼓励孩子大胆说出自己的看法。如果孩子有与别人不同的意见,要鼓励孩子大胆说出来。孩子的求异思维和逆向思维是需要培养的。

3.父母要站在孩子的角度,去理解孩子的思维模式。孩子还小,我们不能要求孩子按照大人的思维模式去成长,我们应该尊重孩子,鼓励孩子把自己的想法和感受表达出来。父母要理解孩子的思维方式,平时要站在孩子的角度去看待事物,引导孩子进行正确表达。父母只有学会用孩子的思维方式去思考,帮助鼓励他们多尝试,多做事,才能培养出自信又勇敢的孩子。

4.父母要允许孩子提出与自己不同的意见。对于孩子偶尔的突发奇想和标新立异的行为,只要不影响孩子的安全,也不影响其他人其他事,父母就不要打压孩子,而是要适当地鼓励孩子。这样,孩子才会成为一个自信的、与众不同、敢于张扬自我的人。毕竟,我们要培养的孩子,不仅仅是听话的孩子,而是"既听话,又敢说话"的孩子。

第二章

我不敢做

情感关键词: 鼓励和肯定

亲爱的妈咪:

　　孩子在成长期, 会碰见各种各样需要您解决的问题, 如果您经常鼓励, 并给予肯定, 会催发孩子心芽上那颗自信的种子。

① 我不认识他,不要和他一起玩

案 例

疫情渐缓,后天幼儿园也开始复课了。趁着今天周末空闲时间,妈妈带着小爱来到江边散步。

天气真好呀!天空湛蓝湛蓝的,朵朵白云在蓝色的天幕上来回流动,鸟儿也在清脆地鸣唱着。小爱在宽阔的河堤上尽情撒欢,一会儿伸出小手,跳着抓蝴蝶;一会儿摇着手里的小风筝,咯咯地笑着来回跑。妈妈看着孩子快乐地嬉戏,掏出了手机准备给孩子拍照!

"小爱,你们也在这里呀!"一阵高音传来,小爱妈妈回头一看,是同学带着她的儿子也来了这里。

同学见面,小爱妈妈和同学热烈地聊了起来。许久,才想起女儿。妈妈向远处眺望,才发现躲在树荫处的小爱满脸的不高兴。妈妈走过去,把小爱牵了过来。刚才还兴高采烈的小爱,立刻像变了个人似的,紧紧地抓住妈妈的衣角,拼命地往妈妈身后躲。

妈妈则把小爱往前拖,说:"小爱,去和高鹏哥哥一起玩会儿嘛!"小爱抓住妈妈的衣服就是不松手,眼睛贴着妈妈的后背不吭声。同学牵着儿子的手在旁看着,妈妈脸上有点挂不住,手上加大了力度,把小爱往前推。

"小爱,哥哥这有挖沙的玩具,你们一起挖好不好?"同学想缓和这尴尬的场面,也试着上前拉了拉小爱的手。小爱使劲一甩,甩掉了试图来拉她的手。

"哇"的一声,被妈妈硬推在前面的小爱哭了出来。一边哭,一边叫:"我不认识他,我不要和他玩!"妈妈气急败坏,索性在小爱的屁股上拍了一掌。这一下,小爱哭得更伤心了。见此情景,同学只好牵

着儿子悻悻地走了。

见同学走了,妈妈只好抱着哭泣的小爱回家。晚上,妈妈和爸爸聊起了这件事,忧心忡忡。小爱不愿意和小朋友玩,已经不是一回两回了。

第二天幼儿园开学,妈妈把小爱送到幼儿园,并没有离开,趴在外面的玻璃窗边往里看。

小朋友陆陆续续到来,教室里也热闹了起来。一个寒假没有见面,很多人个子都长高了。见到老师,他们像小鸟一样叽叽喳喳说个不停。小爱没有多说话,径自走到自己的位置上,摊开绘本《一枚奇怪的蛋》开始看起来。同学过去打招呼,她也没有说话。老师蹲下来,悄悄问:"小爱,你怎么了,是不是不高兴啊?"小爱依旧不说话。老师又问了几遍,小爱还是不理睬。她把绘本藏进了书包里,换了一本看。同学们就在她的身边游戏,她漠不关心,只安静地做着自己愿意做的事情。

外面看着的妈妈,心都碎了。

专家锐评

人类的基本需求之一是交往,幼儿期的交往是他们社会化行为发展一个重要方面。有些孩子愿意与同伴交往;有些孩子不愿意和小伙伴交往,即使在外边,也只和大人在一起,不主动找小朋友玩。有的甚至当同伴主动找到他时,他也采取"回避政策"。

这类孩子不愿交往的原因是什么呢?

像小爱这样的幼儿不算少,他们由于某些客观环境影响,自身各方面的能力发展与同伴之间有差距,因此交往起来就有了一定的困难。有些孩子是由于受遗传或自身特点影响,比较内向,不愿与人打交道。

从社会心理学的角度看,人们在进行交往时多倾向于那些有能力的人,而对那些反应慢、行动迟缓、生性怯懦、胆小,遇事无主张、只会随大流的人,会避开他们,不愿和他们待在一起。

有些家庭以孩子为中心,对孩子的各种需要几乎无条件满足,而且总有人陪着玩游戏。当孩子总有人陪伴在身边时,他们难以产生找小伙伴一起游戏的动机。还有些孩子只愿意与成人交往,是因为成人总让着他,与同伴交往,他就需要协调、商量,甚至还要想办法解决冲突,为了"省事",他宁可与成人交往。

有些孩子由于有过负面的交往经历,比如被同伴欺负过、讥笑过,而不愿意再与同伴交往。他们采取回避的方法,是为了保护自己,免受伤害。

孩子不愿意交往,还有可能是由于自闭症或者孤独症等引起的,对于这些孩子,家长应该引起重视,及时带孩子看医生。

妈咪魔法棒

孩子不知道如何与同龄孩子相处,不具备与同龄人交往的能力,对其融入社会生活中是不利的。如果孩子早期出现拒人于千里之外、过于内向、不善交流、语言表达能力不足等问题,那么父母要重视了,说明孩子的人际成长方面是有缺陷的。人际相处需要必要的素质做基础,要培养孩子的人际交往能力,就要做好相应的工作。不能用硬性粗暴的要求,而是要循序渐进慢慢来。妈妈可以尝试这样做:

1.帮助孩子在家里建立人际关系。可以从与孩子最接近的那个小朋友做起,请这个小朋友到自己家里来,与自己的孩子交朋友。一般来说孩子在家里(相比较于外在环境)是放松的,他会胆大一些,不太会抗拒和来到他家的朋友接触。如果真的成功了,就有了第一

个朋友,通过这个朋友再发展第二个朋友,第三个朋友,这样就可以化被动为主动,循序渐进地解决孩子的交往难题。

2.帮助孩子在劳动中创造人际关系。妈妈也可以和孩子学校的老师多沟通,让老师帮助他和幼儿园的小朋友建立信任。如安排孩子和其他小朋友一起玩玩具,一起给老师拿书本,一起打扫卫生等。在游戏或劳动的过程中,孩子之间会有一定的交流,人有了交流,便有了信任,就会产生快乐。孩子在学校得到了同学老师的信任,就会获得更多的快乐,就迈开了人际交往的第一步。

3.有预设地为孩子创造人际交往的机会。妈妈可以找机会为孩子创造条件,如参加幼儿人际训练,这是一个很好的专业心理训练,或许可以立竿见影地解决孩子人际交往当中的困难问题。如果有这种机会,父母设法让孩子参加。

② 这不是我家,我不要在这睡

案例

妈妈要出差,正在整理行装。冬冬扑到妈妈怀里,昂起小脸问:"妈妈,你要去哪儿呀?"

妈妈放下手中的物品,抱着冬冬坐到沙发上,亲了亲:"妈妈要到外地去工作两天。"

"那你也带上我吗?"冬冬憋着小嘴,快要哭出来了。

"怎么能带上你呢?妈妈要工作的呀!送你去大姨家行吗?"妈妈看见冬冬委屈的样子,连忙安慰,"妈妈一定给冬冬买机器人回来好不好?"

"好吧!"冬冬勉强答应了。

"那你一定要勇敢哦,在大姨家乖乖听话哦!"妈妈趁机叮嘱他。

"嗯,要勇敢。"冬冬重复妈妈这句话时,泪在眼眶里打转。

妈妈把冬冬送到大姨家,推着行李箱走了。冬冬趴在阳台上,看着妈妈的身影越来越小,难过得哭了出来,一个下午也没说话。

吃过晚饭,玩了会游戏,大姨帮助冬冬洗漱完毕,带他到儿童房,帮他盖好被子,关灯准备离开。

"大姨,我不要睡觉!"没有闻到熟悉的味道,冬冬发出抗议。

"你不是很困了吗?乖,大姨陪着你。"大姨轻轻地拍着冬冬,哄他入睡。

看着冬冬闭上了眼,大姨悄悄地离开了。冬冬眼睛又睁开了,周围寂静一片,有风,窗帘动了一下,他吓得咬着牙齿,闭上眼睛,紧张地握着小手,他仿佛看见一百个怪兽在向他跑来,嘶哑地吼叫"冬冬,冬冬……"

"啊!"冬冬撕心裂肺地哭叫了起来。大姨应声冲到冬冬的房间,抚摸着冬冬,柔声问:"怎么了?我的冬冬宝贝?"

"我不要睡觉,我要回家!"冬冬坐在床上无助地哭叫着。

"看,这里也有你喜欢的小枕头,香香的被子啊,我们在这睡吧……"大姨继续哄着冬冬。

"我不要在这睡,我要回家!"冬冬更加奋力地跺着脚,拍打着床,跳下床,把大姨往门外搡。

"这里也是你的家,睡觉!"大姨被冬冬弄火了,失去了耐心,忍不住吼了一句。

"这里不是我的家,我不要在这睡!"听见大姨的吼声,冬冬的情绪崩溃了。他的哭声越来越大,动作也越来越猛。

折腾了半晚,大姨筋疲力尽,为了不影响邻居休息,大姨只好把冬冬送回他自己家。

专家锐评

一般而言,6个月到3岁的孩子就能分辨父母、其他家人和陌生人。当他处在陌生环境,面对陌生人或没有经历过的事,往往会不知所措。不仅会因为独立能力不足无法掌控当前陌生的环境而感到畏惧,还会因为无法用语言表达出准确的信息及理解能力不足,只能通过哭泣或躲避来发泄情绪。孩子怕生是种天生的自我保护行为,父母要懂得包容,也要明白这个行为是正常的。

但是如果孩子过度害怕任何陌生的情况,我们就要引起注意,考虑怎样让孩子改变。孩子怕生,有的家长仅仅只是针对"怕生"行为做出浅层处理,并没有探究深层次的原因。比如,只是跟孩子说不用怕,这个是什么、那个是什么,这些你都不用怕。纯粹语言上的表达,对孩子来说未必能产生作用。因为孩子怕生是一种自然的感觉,感觉的处理在人的右脑,右脑的情绪感应是很难用语言去转化的,所以对孩子而言比较难理解,那我们该怎么办呢?

妈咪魔法棒

从儿童身心发展角度看,孩子4岁之前正是心理发展时期,绝大多数时候都是需要父母陪伴的。特别是两岁半到三岁半这段时间,孩子总是喜欢黏着大人,心理学上这段时期叫作"分离焦虑期",孩子往往特别黏人,也喜欢依赖自己熟悉的环境,熟悉的味道。冬冬这个现象是正常的。他平常总在熟悉的环境里和熟悉的人一起生活,突然来到一个陌生的环境,也没有妈妈的陪伴,对他来说无疑会害怕。

身在职场的父母,如果家里没有老人帮助,又经常工作繁忙,只能把孩子暂时寄养在朋友或亲戚家里的时候,为了孩子能在一个陌

生的环境里尽快适应,妈妈们不妨这样做:

1.如果明天要把孩子送到亲友家里,可以提前和孩子沟通,告诉他即将去的环境是怎么样的,那里一样有他爱吃的食物,爱他的朋友,在那个环境里你会感到和家里一样轻松舒适。此外,建议妈妈提前一天带着孩子去新环境,陪伴孩子生活一天,晚上陪伴孩子一起入眠。孩子只要感觉妈妈在身边,闻到妈妈身上熟悉的味道,很快就会安心入睡。

2.幼儿对于味道非常敏感。突然来到一个陌生环境,所有的物品都不是他记忆中熟悉的味道,他害怕、恐惧、排斥是正常现象。所以建议妈妈可以带上孩子平时睡觉的小枕头、小被子以及平时睡觉时的毛绒玩具进入他暂时的"新家",营造一个他记忆中熟悉的睡觉场所,他会很快识别并进入梦乡。

3.成人对突然孤身到达一个陌生的环境,内心都尚且不安甚至恐惧,更别说一个孩子了。孩子睡时,灯最好不要全关,留一盏光线柔和的灯在房间的小角落里。这样既不影响孩子睡眠,又能避免孩子如果夜间惊醒而感到害怕。

4.孩子睡觉前,放点轻柔的音乐帮助他入眠。这音乐可以是孩子在家里经常听的催眠音乐,也可以是提前录下的妈妈哄他睡觉的声音。音乐能放松大脑,缓解情绪焦虑,有显著的疗愈功能。

③ 我想要婚礼上的奖品,你帮我去拿

案 例

今天,妈妈带着尔尔去参加同事的婚礼。刚踏入酒店,尔尔就陶醉于眼前金碧辉煌的景象了。尔尔看见几个小朋友在大厅绕着桌子

你追我赶地奔跑,她的心如小鹿乱撞。妈妈看出了她的心思,蹲下身子问:"尔尔,婚礼还没开始,你先去和小朋友玩一会吧?"尔尔害羞地摇了摇头,依旧紧紧地抓着妈妈的手。妈妈无奈,只好带着尔尔找了一个安静的位置坐了下来。

在司仪的主持下,庄严而隆重的婚礼仪式在大家的祝福声中结束了。

接下来,司仪安排了许多游戏。其中一个游戏是"石头剪刀布",游戏的奖品是几只可爱的毛毛虫绒布玩具。许多小朋友跑到了台上参加游戏。

尔尔也很想要那个玩具,她伏在妈妈耳边小声地说:"妈妈,我喜欢那个毛毛虫。"妈妈说:"好啊,妈妈带你上台参加游戏,我们一起赢取奖品好不好?"尔尔有点心动,但望着周围黑压压的人群,还是摇摇头。

台上的小朋友越来越多,"毛毛虫"越来越少,尔尔急了,推着妈妈说:"我要毛毛虫,你帮我去拿!"妈妈不理她,她急得在座位边跺脚,扯着妈妈的手就是不松开。

"想要礼品,自己上台参加游戏!"妈妈不为所动。

"快点,快点,礼品要没了!"尔尔又瞄了一眼舞台上,带着哭腔哀求着妈妈。见妈妈还是不动,她小声抽泣起来。

坐在她们同一桌的宾客,有的默不作声;有的停下手中的筷子紧皱眉头;有的向她们投来厌弃的目光。一位老者对妈妈说:"孩子想要,你就上台帮她拿一个呗!这样影响大家的食欲,也败坏了大家的兴致!"老者话音一落,立刻有了许多附和之声。

众目之下,妈妈被臊得满脸通红,无奈起身上台,向司仪小姐要了一只"毛毛虫"礼品。

专家锐评

尔尔的这个现象，从表面看是孩子的问题，其实暴露的是家庭教育的缺陷。教育本来就是一棵树撼动另一棵树，一朵云推动另一朵云，一个灵魂唤醒另一个灵魂的过程。

现在的中国家庭，大多都是几个老人共同参与对孩子的教养。爷爷奶奶宠，外公外婆爱，隔代教育的弊端就很容易显现。孩子要自己倒开水，担心他烫着，家长代劳；孩子要扫地做做小卫生，担心他累着，赶紧让他回房学习；孩子想要下楼和小朋友一起玩耍，担心他弄一身泥水，也担心安全，便强烈制止；甚至有的孩子上了小学，自己的衣服还需要爷爷奶奶穿，鞋带松了需要爸爸妈妈系。孩子常年生活在这样万事代劳被照顾的环境里，久而久之，就养成了强烈的依赖心，没有了独立性。

孩子总要长大，总要成为一个独立的社会成员。与其亡羊补牢，不如退而织网，从小有意识培养孩子的独立性。3—7岁阶段是培养孩子独立性格的最佳时期，父母和幼儿园教师可依据这个阶段孩子心理特点、认知能力和学习兴趣，制订科学合理的幼儿独立的性格培养方案，让幼儿能够通过积极主动地参与生活实践活动、兴趣讨论活动，有效地提升孩子的自主学习能力与独立生活能力，让孩子们在亲身参与实践活动和生活自理当中，获得真实的情感体验，受到良好的启发与教育，逐渐地培养起独立的性格，获得身心的健康成长。

妈咪魔法棒

1.碰到这种情况，妈妈不要急，先要了解孩子内心抵触的点！尔尔想要礼品，但她也知道，获得礼品要去参加游戏，有竞争。分析一

下她的心理不难发现,第一是她害怕,虽然渴望参与,但内心紧张,缺乏让自己独自置身于那么多目光注视在自己身上的勇气;第二是她潜意识里害怕自己参与游戏会失败,仍然得不到那个礼品。只要潜意识里有了这个主导思维,她就拒绝参与过程,而只要结果。

2.了解了这个点,妈妈们日常教育中就要注意,平时要放手让孩子自由玩耍。有的家长对孩子的整洁、卫生、安全顾虑较多,总是限制孩子不准这样,不准那样,这样会束缚孩子的个性发展。应鼓励孩子去玩沙、玩泥巴,踩雨后的积水,爬石子堆,其实只需穿上合适的衣服,注意安全,即可让他尽情地玩。这样无拘无束的自由玩耍,会使孩子的性格开朗起来。

3.耐心对待孩子,不要对他提出过高的要求。对于孩子的畏缩行为,如不敢滑滑梯、跳蹦床、不敢大声说话等,家长也要尽量克制情绪,不要做出太强烈的反应。尤其不要说"你怎么这么胆小,这么没用"之类伤害孩子的话。要积极鼓励他大胆去尝试。可以带着孩子一起体验,也可以请他熟悉的小朋友一起参与体验,逐渐培养孩子的独立性。

4.给予孩子积极的心理暗示。不要孩子从幼儿园回来,你就问"今天有小朋友欺负了你没有?""今天老师批评你了吗?"这样的话,避免使孩子在心理上总处于弱者或被动的地位。你可以这样和他交流:"今天在幼儿园,你和谁一起玩游戏了?肯定很有趣对不对?"或者说:"老师今天夸奖你了,说你今天学会了吃番茄是不是?"

5.创造条件,鼓励孩子多参加一些活动,如拼乐高比赛、小石头绘画计算、外出旅游等。孩子的可塑性很强,只要妈妈们能积极引导,他们就会健康地成长。

④ 我害怕,我不敢上台

案 例

有一次,老师问我们:"下个星期一有几个主持晨会的名额,谁想来?"我特别想主持晨会,想站在台上体验一把风光的感觉。但是听晨会的包括老师同学有七八百号人,我生怕一个字读错,或是少读了一句话,都有可能遭到同学们的嘲笑。所以一直支支吾吾,不敢举手。同学们却都毫不犹豫地勇敢地举起了手,名额一下就满了。听到老师说:"举了手的同学下午排练!"我的心里更是后悔,因为我多想站在台上,为大家主持晨会啊!

时间过得真快,转眼就到了星期一,看着前面主持晨会的同学,站在台前意气风发地读稿、主持,赢得一阵又一阵的掌声,我心里十分羡慕。我想:要是站在台前的是我,那该多好啊!

在我们学校，每年都要选举大队委，每个人都要上台演讲一篇自己写的作品，而我们班要选出5名同学参加。我不想再错过这个机会，我准备了一篇文章作为自己的演讲稿，从写稿到反复演练，我准备了整整三天。

活动开始了，每个班级的优秀学生都前往学校四楼。但当我真坐在台下，看着台上演讲的同学时，又非常紧张：她们怎么说得这么好？我万一没被选上，那不被大家笑话吗？序号一个一个过去，我是21号，已经到了18号了。上台前，我想把稿子再背一遍，却发现根本记不住词。我的脚开始发抖，我的手渗出了汗水，心噗噗地跳，怎么也静不下来……"21号！"上面叫号了，同学赶紧推着发愣的我上台去，可我感觉我的脚有千斤重，矮矮的台阶我就是迈不上去。

后来我不知道自己是怎么上去又怎么下来的，总之，我没被选上。同学说我站在台上傻傻的，一个字也说不出来……

专家锐评

每个孩子的性格特点和类型不一样，处在某个环境时的表现也会不一样。有的孩子天性勇敢胆大，爱表现；有的孩子则比较内敛，不太喜欢表现。不管什么类型的孩子其实都是有长处的，所以妈妈们不要拘泥于这个事情。你越是急着去改变他，就越容易带给他压力，反而导致他更加惧怕去做这件事情。

就如案例中这个小朋友，孩子为什么想上台却又害怕上台演讲呢？很多时候是因为怕自己做得不好，惹人笑话。这种过重的心理负担反而影响了发挥。有过一次失败，第二次就更加紧张，更紧张就更不敢。

那怎么做才能让孩子在众人面前自信地演讲呢？很简单，反复的练习、充足的准备和父母的鼓励，就能让孩子拥有自信，就能让孩

子有在众人面前演讲的勇气。也可以退一步,先别急着要求他在大众面前表现,让他先从好朋友开始,让他在好朋友之间大胆地去做点什么。比如他在某方面有特长,那就可以在他跟好朋友一起玩的时候,通过跟他们玩一些游戏,在游戏中很自然地提供一个让他示范或者表演的机会,以后逐渐扩大参与人群的范围,一点点地帮助他建立起在公共场所大胆表达自己的自信。

妈咪魔法棒

1.创造环境锻炼他。比如说,到快餐厅吃饭,餐具缺了什么,让他去跟服务生说;妈妈的筷子脏了,帮妈妈换一双去;让他去催厨房快点上菜;跟学校班主任沟通一下,让他领读课文、上黑板讲解题;故意让她上邻居家借物品,和物业大哥哥大姐姐打招呼等等。生活中好多这样的机会,应该从小就培养,而不是发现了问题再培养,等孩子有胆怯阴影了再着手解决,这个过程大人孩子都不会舒服。

2.让他在家里面对镜子说话。练习两周的样子,可以到公园或人多处,朗读或背诵英语单词,克服心理障碍,对自己说每个人都是公园的花花草草,刚开始可以目不斜视,锻炼一段时间后,可以环顾四周,面对每一个人的表情都给予微笑,慢慢地,他就不紧张了。或者,事前找小伙伴反复练习一下也是可以的。

3.借巧劲练习。可以在上台之前把演讲的要点直接写在纸上,上台忘词时也可看一下。著名主持人都有忘词的时候呢,更何况平常人。其实,大部分人都有上台恐惧症,不用怕,这种心理还是要自己克服。关键是心态放好,紧张不可怕,关键是要敢于尝试。就算你说话紧张,结结巴巴,也没什么,大家也只是笑一下,不要太在意,觉得自己不行,或许你比别人内向,但是也可能你比别人准备得更好。别怕丢脸,勇于尝试,突破自己。

⑤　我害怕，我不要打招呼

案例

一封来自家长的信

饶老师：

　　您好！

　　我家在两年前喜添二胎，全家人高兴了好一阵，但伴随着孩子两年来的一路成长，我发现二宝与大宝在各方面有着许多的不同。本来觉得自己有了大宝的养育经验，对二宝的养育应该得心应手，可实际上却百般苦恼。所以，想起大宝在养育期间您给予的大量帮助，恳请帮忙给点建议。

　　我目前比较苦恼二宝的性格。我爱人性格开朗，但我却是一个非常内向的人，虽然我也懂得言传身教的重要性，但毕竟我的性格已经成型，改变自己的可能性不大。二宝在两岁前都是奶奶帮忙照顾，奶奶的性格也比较内向。现在孩子特别胆小，遇到陌生不太熟悉的人都不肯打招呼，如果说他，他就不作声。若强硬要求他，他马上就会躲到我身后。我没办法，看着孩子当时的状态只好让他躲着，想着他慢慢长大就会好很多了。

　　有一次，去孩子外婆家做客。孩子的表哥表姐先到了，兴许是太久没见面，他害怕得蜷缩在门口不肯进门。我和爱人在门口陪伴了好一会儿，他才愿意进去。进到客厅，亲戚们看见我们到来，都主动打起招呼。二宝却只是站在那一动不动，并慢慢朝我身后躲起

来。我想以身作则引导他开口,也热情与大家打招呼,并蹲下来跟二宝说:"大家都跟你打招呼呢!你也要跟大家打个招呼啊!不用害怕,要勇敢点。"二宝听完,又是低下头,尴尬的氛围,让我冒起了些许怒火:"长辈跟你问好,你要尊重他们,快跟大家打招呼啊!"二宝听完后,头低得更低了,双手不安地抓在一起,快要哭出来。爱人意识情形不对,立马温柔地哄他,安慰了一阵之后,他仍然不肯抬头。准备吃饭了,大家都走向了餐桌,我又对他说:"妈妈知道你不好意思,但咱们可以慢慢来,现在就剩外公一人还没上餐桌了,咱们跟外公打个招呼,好不好?妈妈知道宝贝最乖了。"听了我这句话,他终于抬起头小声跟外公说了句:"外公好!"我心里很欣慰。

但在以后的日子里,他并没有太多的改变,我有时也不知道该不该这样"哄"他,虽然知道这事不能着急,但快3岁的他,性格再不改变就来不及了。

希望饶老师能提供点建议,万分感谢!

专家锐评

家长现在的焦虑是:孩子快3岁了性格再不改变就来不及。首先想告诉大家。这样的想法是不对的,没有任何根据。孩子还这么小,性格养成的时间还很宽裕。俗话说"3岁看大,7岁看老"并不是说一定要在3岁前就要孩子养成所有好的性格,而是提醒父母,这个时期是养成良好性格的黄金期,我们要好好把握。

孩子现在"胆小"的行为更多的是一种本能的自我保护机制,孩子如果觉得外界环境都安全了,就不会因为什么情况导致父母不爱他或侵犯他的安全边界,他就会放下自己的警惕和逃避。你可能没有意识到,你那样强迫他打招呼,只会一次次消解掉孩子对你的信任,父母不可能通过强迫的方式教会孩子勇敢与尊重。

妈咪魔法棒

1.允许他的不打招呼。首先，请你明白，行动的力量远比语言更加具有影响力。从此时此刻起，放下你的担心，抛开你对孩子的偏见，像对待成年人一样去对待孩子。因为我想，你绝不会强迫你的父母去和别人打招呼，你也不会因为你爱人想做一件你并不满意的事情而生气或阻拦。只有发自内心去爱孩子，尊重孩子，接纳孩子，允许他的"胆小"，允许他的不打招呼，让孩子感受到安全与尊重，他才能变得胆大与勇敢。

2.理解孩子，才能接纳孩子。你如此在意孩子的"胆小"，是否因为你其实对自己存在不满，你本身也曾深受其苦。所以在内心深处，不是孩子太胆小，而是你过于恐惧。在你童年的成长中会不会也出现过类似的情景，而当情景再现时你潜意识地模仿了当时你父母的行为。所以请你回溯一下自己的童年，感受一下当时自己的情绪，这样你就能更好地理解孩子行为背后的原因，也就能更好地接纳孩子。

3.退而求其次，用握手代替打招呼。若非要要求孩子打招呼，语气一定要温和而充满期待，比如"宝宝，你愿意和吴阿姨说'你好'吗？"但在这时需要你注意啦——如果此时孩子还是不愿意和对方打招呼，那就给孩子"退而求其次"的选择吧，比如"宝宝不愿意打招呼啊，那宝宝就和吴阿姨握个手吧。这时候，你把孩子抱起来，让孩子与大人身高齐平，孩子的恐惧心理也会消除很多。

第三章

我不敢想

情感关键词:爱与陪伴

亲爱的妈咪:

　　孩子在成长期,会碰见各种各样需要您解决的问题,爱与陪伴,是魔方,是灵丹妙药,是滋润孩子心田的泓泉。

① 我是大的所以就要让小的

案 例

采访人:饶老师

被采访人:袁小译 黎小安

采访时间:2020.6.14

采访地点:学校教室

老师:小译小安,今天老师要做个关于《儿童期成长的烦恼》的社会调查,请问你们有什么烦恼要倾诉的吗?

小译:老师,我先说。

老师:好,你说。

小译:我最大的烦恼就是我要问一下,天下有多少父母是生了

小的就不要大的了！

老师：小译，老师不太明白，你能说得具体点吗？

小译：就在上周，我放学刚回到家，想吃一根冰棍。冰箱里就剩最后一支了。我先拿到手，刚要吃，弟弟走过来说他也要吃。我连忙说是我先拿到的。因为我知道弟弟每次要东西只要一哭就没有要不到的。果然他一哭，我妈就过来说袁小译，你就不可以让一下弟弟啊！我心里那叫一个气啊！我就吃一根冰棍怎么了？我就不让，就一直吃。我妈见我不主动，就直接过来抢去给了弟弟。我弟弟就开心地笑了。我气不打一处来，就回去写作业了！老师你说家长这么做对吗？小的是人，大的就不是人了吗？

老师：小译，你觉得很委屈是吧？

小译：是的。还有，就是我千求万求我妈都不同意的事情，只要弟弟的一句话，我妈都会同意。如果是我想买一件新衣服，我要千求万求。只要弟弟说买一件，妈妈就会给买不少于两件的新衣服。真是太可气了！

老师：小译，老师能理解你的心情。你这些委屈或感受告诉过妈妈吗？和妈妈沟通过吗？

小译：没用的，老师。你不知道，在我妈眼里，我弟弟可优秀了。可我告诉你，他的优秀都是装出来的！背古诗装模作样，都背以前会的打卡给老师看。读英语装模作样，挑简单的读。爸爸妈妈带他出外，他装乖巧可爱有礼貌，可一回到家想干吗就干吗，明明是他错了，就是死不承认！疫情期间，我想下楼去玩，他不想去，可又故意跟着我去，趁我玩得开心时，他就偷跑回家告状，说我不带他玩。他太可恶了……我多想妈妈不那么偏心啊！

老师：小译，你的委屈老师知道了，相信老师，一定会帮你和妈妈沟通的。来，先不哭，抱抱！

老师：小安，你有什么烦恼要倾诉吗？

小安：有，我也是这方面的烦恼，并且非常苦闷！

老师：你说说。

小安：平常我在家里，也是什么事都要让着亲弟弟，已经无可奈何了。没想到到了奶奶家，还是一样的结果。一天早上，我起来看着奶奶做早餐。看着看着，堂弟也凑了过来看。不一会儿，奶奶把做好的早餐放到我们手上。堂弟发现他的比我少，立马叫了起来。奶奶解释说你喉咙发炎，不能吃太多炒饭，多的给姐姐吃。堂弟说他就要吃多的，并且使出哭的本领一直哀号。奶奶连忙从我手中拿走了碗，把堂弟少的那碗递给了我。我生气地扔下碗，咚咚咚跑上了楼。

老师：后来呢？奶奶没上楼来看看你吗？

小安：没有，过了大约十分钟，原本已经冷静的我，在楼梯间却听到奶奶和家人们说我不懂事，不知道让着弟弟之类的话。我走到客厅，弟弟还拼命地对我做鬼脸。我也忍不住对奶奶说，为什么就要我让着他？奶奶想也不想就说他比你小啊！啊！啊！啊！他比我小就可以为所欲为了吗？况且他只比我小两个月！一番争辩后奶奶已经无话可说了，本来我不想与奶奶争辩，因为她是长辈，这次真的是忍无可忍了。只要比我小的我就得让着他，因为他小，小小小！花园中的草好像无精打采，花瓣被风吹落了，小鸟唱着忧伤的歌，那时的我心情无比低落，我只恨为什么我不是那个小的呢？呜呜……

专家锐评

　　随着国家二孩政策的放开，二孩家庭也越来越多。两个孩子给很多家庭带来"人生赢家"的喜悦。但也有一些家庭陷入困境。年轻的"80后""90后"父母一代，自己大多也是独生子女，并未有过处理两宝冲突的经验。被两娃冲突搞得焦头烂额的家长们往往忽略了两点：一是教育的时代背景变化了。新一代，尤其是"00后""10后"的

孩子们,更有自主意识,更看重公平和自主权利。比起父辈"80后""90后""听话又懂事"的时代,这些孩子们一出生就浸润在新媒体的网络里,自我意识强烈,而不是一句简单的"你要让着小的"就可以说服他的;二是孩子行为背后隐形的逻辑。孩子表面的反应,是他依据自己肉眼观察,加上还未发育成熟的思维,做出主观判断后的回应。孩子们的行为是以自己认为真实的东西为基础,而不一定以事实为基础。当孩子看到爸爸妈妈把注意力放在弟弟或妹妹身上,就认为爸爸妈妈没有那么在意自己,内心受挫,而产生负面感受,负面感受激发了情绪失控,即便是内心想让,行为上他也不会让。

而小的呢?他们有可能在一定的范围内一直享受这样的待遇,长此以往,觉得理所当然。哥哥姐姐就得让着自己,即使不让,我一哭一闹,爸爸妈妈也会逼迫哥哥姐姐让着自己。孩子虽然小,但都精着呢!每到关键时刻,他们不知不觉就会使出这样的撒手锏来达到自己的目的。

在家庭教育中,有二娃的家长一定要明辨是非,一碗水端平。家长如果只是去简单批评老大的错误是不正确的。成人怒气冲冲的感觉,比嘴里的正确言辞,更深刻地扎根在孩子心里,加深他的误会:看,爸爸妈妈果然是偏心的,下次我更要出气,哼!长此以往,陷入恶性循环,家庭关系会更紧张,冲突会更多。

妈咪魔法棒

1.不要一味说教。儿童成长期还处于自我中心阶段,只能从自己的角度看问题,父母一味地说大道理,他是不接受的。因为他还不能理解血缘关系,所以在他的概念里,我也是人,也是你的孩子,为什么我就不能享受同等待遇。

2.不要扮演法官。两个孩子如果起了冲突,家长需要看到孩子行

为背后的动机,第一时间不要扮演法官,而要等孩子情绪的暴风骤雨过去后,用启发提问的方式带动他们思考。如:如果你是妈妈,你用什么方式来处理?如果下次还剩一根冰棒,哥哥和弟弟应该怎么分配?以寻求方案为导向,把冲突危机转化为共同成长的机会。

3.不以情绪来下判断。二孩妈妈不容易,生活和工作劳心劳力,精神和身体双重疲劳,情绪有时候不听自己理智的控制。孩子犯错或是争抢玩具,每一个偶然的因素都会触动你的爆发点,潜意识里你舍不得老小,因为你觉得他还小,所以不管对错,大的就成了你情绪的宣泄点了!

4.尊重老大,不溺爱老二。其实在生老二之前,你对老大是一样疼爱的。但老大他看不到,他只看到你是如何宠爱老二的。因为有了老大,你才有了做爸爸妈妈的经验,所以才会懂得如何更好地做父母。对老二的爱也更全面一些,溺爱一些,而这一切,老大都看在眼里。这时候,你要理解老大的心理变化,对他的每一个诉求给予正面回应,让他看到并相信,有了老二后,爸爸妈妈也是爱你的。一个平和的公平的爸爸妈妈,对于孩子来说,就是安全感和力量的源泉。

② 我喜欢坐在角落里

案例

采访人:饶老师
被采访人:佟彤
采访时间:2020.5.27
采访地点:学校休息室

老师：佟彤，你好！

佟彤：（害羞地）Good morning, teacher!

老师：Good morning，佟彤。刚才老师发现，上课的时候你选最后一个角落的位置坐？前面明明还有位置啊！

佟彤：是的，我喜欢坐在最后面。

老师：这是你的习惯吗？在其他学校里也一样？可你的身高应该不是最后一排的啊！

佟彤：老师，在英国学校，是自己选位置的。上哪门课也是自己选的。

老师：哦，你刚从国外回来，可老师发现你的发音很地道，在英国学习了多久？

佟彤：老师，我在英国就待了一年。不习惯，所以就跟着爸爸妈妈回来了。

老师：是不是语言上的障碍？

佟彤：是的，刚到英国，根本听不懂老师在说什么。

老师：国外的老师会像中国的老师一样，课堂上你听不懂的，课

后会给你单独补习吗?

佟彤:没有的,老师在课堂上是全英文讲课,学生听不懂,可以记下来提问,老师会为你解答。

老师:那你是不是经常举小手?

佟彤:(很轻声地)没有,我……不太敢举手。

老师:为什么? 你不是听不懂,有很多问题吗?

佟彤:老师,我怕说错,不敢。还有,刚去的时候,老师说什么都听不懂,怎么举手。

老师:那你后来是怎么克服的?

佟彤:我只有下课后,回家看英文电视,看英文书,玩英文游戏,妈妈带着我用简单的英文交流。后来慢慢就好了! 我也能听懂老师讲课,和同学也能交流了!

老师:佟彤真棒! 老师都很羡慕你了,因为老师的英语水平也很糟糕哦! 你这么厉害,爸爸妈妈是不是经常夸奖你啊!

佟彤:(轻声)……没有。妈妈……偶尔,一点点。

老师:哦,你也很期待得到爸爸的表扬是不是?

佟彤:(摇头)没有,不需要……

老师:佟彤,这样好吧,以后你上老师的课,咱们尽量往前坐,这样老师可以随时看到你,因为老师需要你的帮助。你知道,老师的英文很糟糕,如果老师讲课的时候需要蹦出一两句英文,你就帮老师说出来好不好?

佟彤:老师,可以的。

老师:那以后在课堂上,你有问题就举手,老师喜欢看到你的手举得高高的。

佟彤:(想了很久)好。

老师:那咱们就说好了,拉钩哦,佟彤!

专家锐评

从佟彤的举动和他与老师的交流中，可以看出佟彤身上三个显著的心理需求。

一是对空间感、边界感的需求。一个人选择了角落位置，不管他是有意的还是无意的，其实是在划定一个属于自己的"私人领地"。在这个"地盘"里，我有绝对的自由，因而我能够感觉到足够的安全和放松。二是不被注视、打扰的需求。坐在角落里有什么好处呢？角落有更强的隐蔽性，因为角落经常容易被人忽略。这很容易理解，不管是在什么课堂中，如果需要提问、需要场下的人发言或做游戏，人们都会优先选择前排的、方便互动的位置，而不会选择那些犄角旮旯、距离遥远的人。这表明"角落爱好者"不喜欢被注视，也不想被打扰，他们在社交中容易紧张、害怕说错话，所以他们会提前为自己寻找一个私密、放松的"避难所"。三是缓解焦虑感。"角落爱好者"可以通过控制一部分的陌生环境，来缓解自己的焦虑感。他能够控制得越多（比如他能够安排谁坐在自己的旁边，谁坐在自己的对面），他的焦虑感就越会减弱。

总体上来讲，总是选择坐在角落的人，相比对座位没有讲究的人来说，对环境更敏感，对社会交往更焦虑，内心也更容易产生不安全感。

妈咪魔法棒

1.对孩子多肯定。缺乏安全感的孩子的成因一定来自家庭。从佟彤的语态及行为中可以发现，这是一个长期缺乏被赞扬和被鼓励的孩子。在家庭教育中，父母的"严教"要适度。否定和肯定都是教育中需要被平衡的力量。

2.不让孩子有坐角落的机会。家庭聚餐,外出活动,家长要多关注孩子的表现。如果他还习惯性地往角落里坐,你可以带着他坐在显眼处,让他慢慢地接受来自大众对他的关注,观察他的反应,如果他能慢慢适应,那是最好不过了。千万不能听之任之。

3.营造一个轻松民主的家庭环境。如果说孩子是一粒种子,那么家庭就是土壤,家庭氛围便是空气和水。家庭氛围属于家庭的精神环境,它往往是无形的,却对孩子的一生起着至关重要的作用。一个充满民主、自由、轻松氛围的家庭,对孩子的性格有着很大的影响。这种氛围带给孩子的幸福感,使孩子形成健康的人格,积极向上的态度,阳光开朗的性格。反之,一个紧张型家庭氛围中长大的孩子,往往缺乏安全感、自我封闭、不善交流,非常容易产生心理问题。一个在互不关心、冷漠的家庭氛围中长大的孩子,会极其孤独、冷漠,叛逆,甚至做极端的事情来引起家长和老师的关注,因为他需要温暖。

③ 我总在夜里悄悄地哭

案例

采访人:饶老师

被采访人:颜寒寒

采访时间:2020.6.11

采访地点:学校休息室

老师:寒寒,发现你长高了好多啊,是个大姑娘了!怎么样,最近开心吗?

寒寒：不开心,压力大。

老师：是学习压力大吗?

寒寒：也有,但主要还是我妈。

老师：妈妈怎么给你压力了?

寒寒：几个星期前,在家吃饭时,姐姐和妈妈大吵了一架,姐姐那天对妈妈说的那些话让我感触很深。其实也是我想对妈妈说的,但是我憋心里很久了,就是不敢说出口。很苦闷。

老师：你能说下具体过程吗? 看老师能不能帮助到你。

寒寒：那天,一家人在吃饭时聊天,聊着聊着就聊到了姐姐学习的事。姐姐现在高一了,过两年就要高考了,成绩中等偏下。妈妈就说了姐姐,说你的成绩要再上去一点,这次的英语才考了 70 多分,之前你是补习了英语的。还有数学也这么低,不要一回来就躺那看手机, 你看那谁谁谁每次都考那么好……姐姐瞬间眼泪就落了下来,她非常委屈生气地喊着："我哪里一回来就玩手机了,我又不是没好好学,我每天复习到那么晚,又那么早起来背文言文,背英语单词,你什么时间看我玩了啊! "姐姐急得一只手擦眼泪,一只手握着拳头。她气冲冲走到房间躺在床上用被子盖着头哭泣。

老师：后来呢? 你有没有劝慰下姐姐啊?

寒寒：我洗漱完便来到房间,不料妈妈和姐姐又吵了起来。妈妈生气地说姐姐矫情,说都说不得,一说就哭。姐姐也不示弱地说妈妈的嘴巴太毒,天天骂天天骂谁都受不了。还问我受得了不。姐姐这是捅了马蜂窝,妈妈骂得更难听了。我吓得更不敢作声了! 其实这时的我有很多的话想对妈妈说,我被你骂不是不哭,只是不在你面前哭。你知道在很多个深夜,等你们都睡着了,我在自己房间悄悄地哭,还不敢大声,还要把哭声努力地调成静音……

专家锐评

社会竞争日益激烈,每个父母都希望自己的孩子将来能有属于自己的一片天地,对孩子的教育的付出可谓"空前"。决不能让孩子输在起跑线上,这是每一位父母的强烈意识。有了这种强烈的意识,父母对孩子的要求也高了起来。孩子学习差,想尽各种办法报班补课,若孩子的成绩还没有明显进步,家长的情绪就会焦虑,焦虑的时候会口不择言,对孩子碎碎叨叨地念。尤其是你用孩子的弱项对比别人孩子的强项的时候,孩子不会体察到你的良苦用心。相反,他内心会相当抗拒。因为孩子本来学习压力就够大了,你再不分时间场合地对他提要求或是指责,他长期压抑的情绪也要有宣泄口,所以就会和你顶嘴。当他们有足够的能力反抗父母的时候,他们就会不顾一切地与父母作对,青春期的叛逆就会表现得尤为突出。这个时期如果有人将孩子往不正当方向引导,后果真的不堪设想。

对自己的孩子严加管教,我相信每个父母的出发点都是好的,都想让自己的孩子变得出色,都想教育好孩子。但是责骂孩子并不能解决孩子的教育问题。父母应该多体察孩子的情绪,缓解他的压力,了解他学习不好的原因,和他谈心,一起探讨学习的方法,这才是良策。

妈咪魔法棒

1.不把自己的焦虑转嫁给孩子。对孩子的期望太高,是大部分家长真实的心态。孩子成绩不好,他们会焦虑失眠,会情绪失当,很容易拿别人家的孩子做攀比,这无形中又给孩子增加了第二道压力。每个孩子都是天使,都有优秀和不足的一面,就看你从哪一个角度去看待了。对于孩子的成绩,不管家长心里多么在乎,表面上都要表现得轻松。家长要经常和孩子谈心,让孩子明白人生很长,成绩虽然

重要,但远不是人生的全部。永远有人会比我们强,也永远有人会比我们差,只要努力了,发挥出自己的真实水平就好。孩子反而会身心放松,成绩也会上去了。

2.注重孩子的心理变化,体察他的情绪。为什么优秀的都是别人的孩子?不是每个孩子都有学习的天赋。有的孩子的确努力了,但成绩还是上不去,她的压力也是很大的。这时候父母又体察不到她的情绪,她只能压抑在心里,最多就是在夜里悄悄地哭泣。作为父母,当孩子学习上不去时,更多的是要去关注她的身心健康需求,而不是一味只看成绩分数。

3.找出成绩不好的真实原因。孩子成绩不佳,不外乎两种原因,一是实力不济,二是学习效率不高。一般情况下,两种原因均有,孩子既不具备最顶尖的实力,也存在时间利用、精力分配等问题。家长要通过和老师联系,了解情况,分析试卷、找出失分点,总结重难点等多种方式,和孩子一起反思他的学习情况。通过反思,制订出下一步的学习计划。我们知道,一部汽车想要安全平稳地行驶,需要轮胎保持一定的压力,胎压过大过小都会出事。孩子的学习状态就像高速公路上行驶的汽车。明智的父母,要随时给孩子做"胎压检测",要做到随时了解他们的心理状态,保持和孩子有效沟通,做到加压但不崩溃,减压但不泄气,让他们始终保持最佳状态。

④ 我能和你们一起睡吗?

案 例

采访人:饶老师

被采访人:小静

采访时间:2020.6.23

采访地点:学校休息室

老师:小静,看了你写的作文《胆小的故事》,觉得好有趣,老师想和你聊聊。

小静:嗯,老师。

老师:小静,你真的那么胆小吗?

小静:嘿嘿,有那么一点点。

老师:你是不是在夜里更胆小?

小静:对的,我特别害怕一个人睡觉。

老师:你从几岁就开始一个人睡觉还记得吗?

小静:从弟弟出生以后,我都是一个人睡。

老师:弟弟今年几岁?他是不是也是一个人睡觉?

小静:不是,爸爸妈妈一直带着他睡。他今年都7岁了,还经常对他又亲又抱的!

老师: 那你晚上一般都是怎么样入睡的呢?

小静: 我有一只可爱的小熊,只要天黑下来,我心里很害怕的时候,我就对我的小熊说,小熊你怕黑吗? 你是怎么不怕黑的呢? 想呀想呀,想着有我的小熊陪着我,我就睡着了。

老师: 小静真是个勇敢的孩子!

小静: 老师,小熊有时候也不管用。有一天晚上下雨,我听见风吹过来,树叶"沙沙沙"地响着,我越来越害怕,我干脆直接打开了所有的大灯,躲在被子里"呜呜呜"地哭。雷声越来越大,我觉得有鬼在向我扑来,我抓起我的小枕头四处打鬼。妈妈来到我房间,我说:"我想和你们一起睡,好吗? "

老师: 妈妈肯定答应了!

小静: 没有,妈妈说床小,要带弟弟睡,让我安心一个人睡。

老师: 后来你睡着了吗?

小静: 没有,我干脆起来看书,慢慢地雷声小了,我也不害怕了,可能后面就睡着了!

老师: 小静,老师也和你一样,睡不着的时候也是看书,这真是一个好办法,是吧?

小静: 嗯,老师,你也很胆小怕黑吗?

老师: 嗯,老师胆小的故事比你多多了……

专家锐评

因为孩子一生下来,都是和妈妈一起睡的。他已经习惯了妈妈身上的味道和气息。每天能依偎在妈妈温柔的怀里,他已经产生了依赖。如果因为弟弟的降生或别的原因,他被迫突然隔开,自己一个人在一个房间睡,再也闻不到妈妈的气息,再也没有柔软的怀抱,他会由害怕到没有安全感。例如,一个孩子在晚上的时候可能会怕黑,

会设想着黑暗里面有鬼、有怪物,尤其是大风大雨的晚上,有些孩子受到惊吓,就更害怕一个人睡觉了。

现在很多家庭有了二胎,习惯性认为他还小,便把所有的爱给了小的,忽略大的所有的感受。案例中的小静在暴风雨夜,是很渴望再一次回到妈妈温暖的怀抱的。可是粗心的妈妈没有顾虑到她的情绪和她的渴求,这在一定的程度上会给她造成一定的心理阴影,也会影响她幸福感的生成。

孩子大了是要分床睡,但前提是要和孩子沟通好,让她在一种自己愿意并喜欢的前提下同意分床睡。不可以粗暴硬性地就把孩子隔离分床睡。分床睡也要讲究科学的方法。

也有一些孩子会有分离焦虑症,就是害怕和照顾自己的妈妈或者是其他亲人分开,从而产生焦虑,不愿意分床睡。

妈咪魔法棒

1.分床睡要有一定的方法。当孩子还小的时候,将她的小床和大床紧挨在一个房间,白天睡觉的时候可以让她睡小床。或者分床前期同一张床铺两床被子,孩子睡另一个被子里可以看见爸爸妈妈。这样慢慢习惯下来她就不会这么拒绝睡小床。

2.布置一个温馨的睡眠环境。等到她愿意分开睡另一个房间的时候,可以按性别或他自己喜欢的风格布置他的房间。房间布置要温馨,灯光要柔和。也可以在孩子窗边安装一个起夜灯。

3.雷雨夜要去陪伴孩子。雷雨夜成人都害怕,更何况一个孩子。碰到雷雨夜,父母亲要到孩子的房间去陪伴孩子,或是把他抱到自己的房间睡。等他觉得自己不害怕或是可以入睡的时候,你再让他一个人睡。

4.不要忽略孩子的感受。有了二孩的妈妈,更不要忽略老大的需

求。你一个眼神,你一个拥抱或其他亲昵的动作,或是经常对他说妈妈爱你,更能让他感到妈妈还是爱他的,让他踏实,让他有足足的安全感和幸福感。

⑤ 我能和你们过个年吗?

案 例

采访人:饶老师
被采访人:许小强
采访时间:2019.12.23
采访地点:学校休息室

老师:小强,老师发现你最近上课很是恍惚,怎么啦? 身体不舒服吗?

小强:没有,老师。

老师:那是怎么啦? 可以告诉老师吗?

小强:我想妈妈了! 啊,我好想妈妈,呜呜呜……

老师:不哭,小强。快过年了,妈妈不是快回来了吗?

小强:老师,妈妈前几天打电话说,说,说今年还是不回来过年了,呜……

老师:小强,爸爸妈妈好几年没回来过年了是吗? 他们在哪工作呢?

小强:爸爸一直在广州工作,妈妈是我上幼儿园时就去了广州和爸爸一起做外卖。他们每年的暑假回来看我,但过年一直没回来

过。

老师：是不是每次都舍不得爸爸妈妈离开？

小强：他们每次走的都很决绝，无论我怎么哭。小的时候他们走了，奶奶对我说爸妈过些天就会回来的，我听信了奶奶的话，于是每次晚饭后我都会在村口等着，但每次等来的却是失望……在回家的路上，我常常安慰自己也许明天他们就会回来吧。慢慢地时间就这样过去了，有时晚上很想很想他们的时候，我就躲在后面的小院子里哭泣，直到奶奶找到我，我才跟着回去……无数个睡梦中都会梦见爸爸妈妈回来了，醒来却是一场梦！老师，每次我都好难受。

老师：小强，老师能理解你的心情。你说出来吧，会好受一点。

小强：有一天放学回家，奶奶告诉我爸妈快要回来了，我高兴极了！迫不及待地去告诉我的邻居们，也恨不得告诉全世界"我的爸爸妈妈要回来了"，睡觉时，我又一次在睡梦中梦到了他们，但又是一场梦。还有几天就要过年了，我以为他们就要回来了，我每一刻都在期待着……看着村里其他孩子的爸爸妈妈都陆续回来了，我就这样盼啊盼，直到大年三十那天还是没有盼到他们回来……那天，我以为他们一定会回来的！一大早我起床怀着激动又着急的心情跑去村

口等,我就像一个无家可归的孩子,盼着父母的身影出现,时间一分一秒过去了,我越来越焦急,我知道这一次我又要失望了……我哭着回了家,奶奶告诉我爸妈过年的时候外卖单很多很多,走不开,这次过年回不来了!我不知道那一刹那是什么感受,只想哭,想号啕大哭……

老师:小强,爸爸妈妈也是迫不得已,相信他们也很想和你一起过年是吧?

小强:今年我10岁了,和父母相处的时间不超过几个月,我知道爸妈也是迫于生活的压力才外出工作!可我,可我就是很想很想像其他的同学一样,也有爸爸妈妈陪着我过个年啊……

专家锐评

留守儿童是个沉重的社会话题。这里只做简单的分析。

这些孩子在年幼时便与父母长期分开,家庭环境的不稳定使他们缺乏安全感和归属感,从而带来较强的孤独感。他们由于缺乏感情依靠,性格内向,遇到一些麻烦事会显得柔弱无助,久而久之变得不愿与人交流。长期的寡言,沉默,焦虑和紧张又往往致使这些孩子形成孤僻,自卑,封闭的心理,这样的儿童在人际沟通和自信心方面自然比其他的孩子要弱。

留守儿童一般年龄在10周岁以下,正处于身心发育时期,情绪欠稳定,再加上意志薄弱容易造成情绪波动甚至失控,他们还容易对周围人产生戒备和敌对心理,这种敌对心理的一个重要表现就是攻击行为。

这些孩子因为长期不能和父母在一起,就会羡慕其他的同学或朋友可以和父母生活在一起,就容易发展到嫉妒别人。表现在想得到某一个物品或是得到同学老师的一个赞许,却不正确表达需求,

而是看到别的同学得到肯定时,故意冷嘲热讽,有意生发矛盾,挑起事端,以期引得老师和同学的注意。在学习上,也会自暴自弃,却又无端嫉妒那些学习较好的孩子,以期得到心理平衡。

多数留守儿童都不能理解父母是因为生活需要而把他们留在家里与爷爷奶奶生活,由此产生怨恨情绪和偏激想法。孩子是谁带跟谁亲的,所以这些孩子的父母回家后,他们已经长大了,也习惯了亲情的疏离,慢慢地,和父母的情感隔膜会越来越大。这样的孩子,往往难以在幼年时树立正确的人生观,价值观,对未来感到迷茫,对生活没有信念。

妈咪魔法棒

1.排除不良情绪。每个人都有伤心郁闷的时候,当留守儿童的父母不在身边时,他们有心事无法倾诉,可以引导他们向老师、同学或其他亲人倾吐,也可痛哭一场。哭是最好的良药,当心里的郁闷通过哭排遣了,不良情绪也没了。教给孩子一些排除不良情绪的方法,避免他长期把苦闷、思念、忧虑压抑在心里,造成性格扭曲或分裂。

2.适当"移情"。当留守儿童实在思念父母不得时,可适当地"移情别恋"。比如和同学去看场电影,打场球赛,爬爬山,或是帮助爷爷奶奶从事一下体力劳动。有时候身体的疲劳也会逐渐冲淡精神上的焦虑。

3.父母归位。任何人都无法代替父母在孩子精神成长中的重要地位,任何物质上的优越也无法代替父母的陪伴。现在科技发达,交通发达,地域、城乡的差距真的不大。如果不是非去不可,不建议父母远离年幼的孩子,外出工作或谋生。毕竟,孩子的成长期只有一次。儿童健康成长,需要父母归位。

第四章

了解自我，树立自信

情感关键词：互动、自信

亲爱的妈咪：

　　苏霍姆林斯基说："让每个孩子都抬起头来走路，这将对他们的一生非常有益！"

自信是一种健康的心理状态,是推动孩子积极向上的一种强大动力,也是孩子健康生活的有力保证。为了让孩子看到自己身上的闪光点,增强自信,本章内容设置了两个小游戏和四个名人故事,请家长和孩子们互动起来,玩游戏,讲故事,了解自我,树立自信。

小游戏

(一)我是谁——认识自己

了解自己是一个长期的过程,知己是知彼的前提。只有对自己的角色、特点有了更多的了解,才能在以后的生活中扬长避短,更好地进行生涯的规划,获得更美好的明天。

游戏过程:

1.暖身活动。

你了解自己吗? 请参与者在纸上快速写下 10 个“我是……”

2.分享。

请参与者将自己所写的和大家一起分享。

3.自我认识活动。

(1)将妈妈(爸爸)和孩子分成两组,一人为甲,一人为乙。甲开始自我介绍,乙负责记录。甲在说了一个缺点之后,乙就必须说一个优点。5 分钟后甲乙角色互换。

(2)请甲、乙两人取回对方的记录纸张,在背面的右上角签上自己的名字。然后彼此分享做此次游戏的感受,并讨论:在介绍自己的优点与缺点时,有什么困难? 为什么会如此?

(3)汇报结束,请参与者将签名的纸(空白面朝上)互相交换,根据彼此的了解在纸上写下:我欣赏你……因为……写完之后再互相交换(交换次数可以自由决定)。

(4)参与者在看到反馈后谈谈自己的感想与收获。(认识自己眼中的我以及爸爸妈妈眼中的我)

温馨提示:以上游戏不仅可以在家里玩,也可以在课堂上和自己的同学朋友一起玩,看看别人眼中的自己到底是什么样的。

游戏意义:了解与接纳真实的我是很重要的。其实很多时候我们往往高估或者低估了自己,并把这种看法认为是一成不变的,绝对的。通过活动,我们发现了许多我们不曾发现的东西,对自己有了更丰富和全面的认识,我们需要通过自己和他人的眼光来更好地发现自己。

(二)克服自卑,树立自信

让孩子们尽情诉说自己的苦恼和困惑,发泄心中的郁闷情绪,通过团队的力量,群策群力,帮助孩子克服自卑,树立自信。

游戏过程:

1.秘密大会串。

(1)请孩子和家人将目前最困惑的事情写在一张纸上,写好后折叠起来交给游戏的“家长”。

(2)“家长”从手中的纸条中抽出一张,将纸上所写的问题念出来,让所有参与者共同思考解决问题的方法,可以讨论,示范和提供书面资料等方式来帮忙解决问题。

(3)“家长”依次念出所有参与者的问题,并让所有参与者依次帮忙解决。

2.自信百宝箱。

给所有参与者发一张爱心卡,让参与者在爱心卡上填写“在自信心方面,我无法做到……”游戏所有的参与者为爱心卡上无法做到的事献策,不评价,重数量。

温馨提示:以上游戏不仅可以在家里玩,也可以在课堂上和自

己的同学朋友一起玩。

游戏意义:

通过这次活动,让孩子借助团体的力量克服自卑,树立自信。

名人故事

罗斯福:儿时很胆小

作为美国历史上唯一连任超过两届的总统, 富兰克林·罗斯福被公认为一位伟大而优秀的领导人。然而,熟悉他童年生活的人,都不禁奇怪,他究竟是怎样从一个具有严重"问题"的孩子修炼成之后的样子?

原来,罗斯福小时候不仅十分胆小,而且心理非常脆弱。在学校里,每当被老师叫起来背诵课文,他都会吓得两腿发抖、嘴唇颤抖不停,呼吸像是刚参加完长跑比赛一样粗重⋯⋯

另外,小罗斯福患有心脏病和哮喘,还有严重的龅牙,常被同学嘲讽。

一次,罗斯福看一本童话书时,被书中主人公的勇敢精神感染了,他突然意识到自己这个严重的问题"必须改正"。但如何着手?牧师告诉他:抓住生活里的每件事。

于是,罗斯福每天都瞪大双眼,寻找一切可以锻炼自己、改变自己的机会。他想到,何不将自己的不足变成更容易让人们记住的"特点"? 于是,他把自己的喘气习惯变为一种坚定的嘶哑声,同时,还咬住嘴唇,使它不颤抖,从而成功克服了胆小和恐惧。

他还积极参加集体运动,主动接近别人,9岁时写出的科学论文让老师赞誉,16岁时被哈佛录取。为了克服胆小害怕,长大后的他常常到非洲捉狮子、捕熊⋯⋯后来,罗斯福当选美国总统,为世界和平

做出贡献。

尽管自身条件恶劣，罗斯福没有因此而停住追求的脚步。一个人，只要能保持自己的积极心态，并坚定不移地向成功的目标前进，总会抵达成功的彼岸。

田连元：从失败中崛起

田连元从小就跟着说书的父亲闯荡江湖。

那时候艺人们说书，舞台上都会放一个套上布帘的桌子，那既是放茶水和扇子用的，也是艺人们表演时的重要道具。父亲在台上说书，小田连元就躲在桌子下面听。有时候田连元听书入迷，就把小脑袋伸出来，爸爸就敲他小脑袋一下，引得台下观众一阵大笑。

少年田连元跟着爸爸艰苦学艺，终于有机会站上舞台，丑媳妇终于要见公婆了！

第一次说书并不顺利，他走到台上，发现台下只有 10 个人在听，当时就像泄了气的皮球一样，什么劲头都没有了。他说了几句，台下就有听众走了，他又壮着胆子说了几句，几位观众又起身离开。田连元心里非常不是滋味，强打起精神说完书，一脸乌云地走下台来。

"爸爸，我觉得我不是说书的材料。"他几乎是含泪对父亲说。

"没什么，第一次都那样。"爸爸鼓励儿子。

以后的状况也没多大起色，来听说书的人还是三三两两，田连元的心有点冷了，对父亲说："爸爸，我还是干别的吧。"

爸爸生气了，对儿子说："谁一开始说书就能成名啊！你才说了几部书啊！你这是缺乏练习！"爸爸的话拨开了儿子心中的迷雾。

田连元从自怨自艾中抬起头来，他比以前更加虚心地向前辈们学习，练功也更加勤奋了。经过几年磨炼，他终于从失败中崛起，逐渐打响了自己的名气，迈出了 50 年评书生涯的第一步。

乔丹:不是生来就会"飞"

乔丹不是生来就成了"飞人"的。

小时候的乔丹是个顽皮的家伙。两岁时差点触电身亡;5岁时玩斧头砸伤了自己的脚;7岁时又差点淹死在深海里。

乔丹好动的天性在运动上也有所体现,他儿时所在的棒球队曾经得过冠军。但是小乔丹不久就发现,他惊人的弹跳力和篮球更加匹配。

乔丹是个想做什么一定要做好的人,他去找了学校的篮球教练,诚恳地要求加入篮球队,教练给了他一次考试的机会。

小乔丹的表现并不十分出色,可能是因为之前没有系统训练过,他还没办法控制好自己的身体,教练对他的表现不太满意。

"如果你非常想加入我们的话,我们这里只缺一个打杂的。"教练耸耸肩,一脸无奈的样子。

"好吧,先生。"乔丹想只要给他机会留下就好了。

小乔丹留在篮球队,但是只负责帮队员看衣服、帮他们倒饮料。只有平时队员们休息的时候,他才有机会练习。也许是小乔丹知道自己要成功,就要付出比别人多几倍的努力,他每天的训练量比正式队员多了整整4个小时。

当小乔丹的"苦训"终于有了成绩时,教练发现这个弹跳力和爆发力惊人的孩子是个篮球天才,"太棒了!"教练从不吝惜自己的称赞之词,小乔丹如愿以偿地成了正式队员,他的篮球之路从此拉开了帷幕。

小乔丹从不会"飞"到"会飞"经历的是艰苦的训练,是一个为自己插上翅膀的过程,可能会很痛苦,但是远比空有"飞"的梦想却没有勇气去努力的人好得多,是吗?

名人们也害怕演讲

关于名人怯场的事儿挺多的,名人也是人,光鲜背后也有紧张。

英国前首相丘吉尔当年在演讲台上脸色发白、四肢颤抖,直到被轰下台去。丘吉尔曾说,每次演讲他都觉得胃里像放着一块冰。

林肯最初走上演讲台时,恐惧得甚至连一句话都说不出来。

美国的雄辩家查理斯初次登台时,两个膝盖抖得不停地相碰。

印度"圣雄"甘地首次演讲不敢看听众。

大科学家牛顿承认自己在演讲前抖动不已,大喊大叫……

沈从文第一次走上讲台时,慕名而来听课的人很多,他竟紧张得忘了要说什么了。很久之后,他才慢慢平静下来,开始讲课。然而原本要讲授一个课时内容,被他三下五除二地10分钟就说完了。可是,离下课时间还早呢!他再次陷入窘境,后来他急中生智,转身在黑板上写了一句话:"今天是我第一次上课,人很多,我害怕了。"全场爆发出一阵善意的笑声。

◀ 后记 ▶
教育孩子的魔方

关键词：发现与相信，鼓励与肯定，爱与陪伴。

相信自己的孩子，他会给你惊喜

在孩子的成长过程中，父母是孩子的第一任老师，父母的爱会带给孩子安全感、满足感。如何让孩子身心健康地慢慢长大，需要父母的智慧。

现实中，我们对孩子的教育是否本末倒置？本应该无忧无虑的童年却背负繁重的学业压力；本应朝气蓬勃、奋力拼搏的学生，又有多少迷失在电子游戏中不能自拔；本应母慈子孝的温馨家庭，却因学业弄得母子关系紧张……这种本末倒置的人生令人深思。

去年上学期，我接待了一个妈妈的咨询。妈妈焦虑地对我说，孩子语文成绩很差，作文不会写，被扣很多分。我笑了笑，没出声，转身看了看那个孩子。孩子皮肤白皙，眉清目秀，清澈的眼神望着我，一笑起来，露出两个迷人的小酒窝。这样眼神灵动的孩子怎么会写作困难呢？我很真诚地告诉妈妈，要相信孩子，可能只是方法和时间问题。妈妈却怎么也不相信，只相信自己的固执判断。我对妈妈说，没事，你把孩子交给我们，一定还你个小作家！慢慢地，妈妈从先前的每周一问到每月一问，后来就不闻不问啦。直到第三个学期结束，妈妈才有点羞涩又有点自豪地告诉我，孩子语文考了 92 分，作文 1 分没扣。哈，原来是这样。这个暑假，妈妈早早地调开了其他课，让他专心学写作。

还有个妈妈，焦虑地找到我，说不敢奢求孩子能写成什么样，只要求他长大了，谈恋爱能写个情书就 OK 了！哈哈！六年级毕业，孩子写作满分。

相信孩子是多么的重要！你相信什么，就会看到什么。请选择相信自己的孩子，他会给你意想不到的惊喜。

鼓励与肯定的力量

美国心理学家詹姆斯有句名言："人性最深刻的原则就是希望别人对自己加以鼓励，这样不仅让自己有进取之心，更重要的是能不断产生超越与突破的能力。"

电话发明家贝尔无意中发现电流接通与断开，螺旋线圈会发出噪声。

贝尔对这种现象非常重视，他寻思着是不是可以用电传话。然而他把自己的想法与几位要好的朋友交流时，得到的都是一笑带过。其中有一位电报技师毫不留情地挖苦他："正常人的胆囊是附在肝脏上的，而你的肝脏却附在胆囊里。"末了，还送他一顶"异想天开"的帽子。

这无疑如一盆冷水从头浇到脚，使贝尔的心凉透了。但时隔不久，著名的电学家约瑟夫·亨利知道后，对他坚定地说："干吧，年轻人，你的设想真的很惊人，了不起！"

但贝尔胆怯地说自己不大懂电学时，约瑟夫·亨利郑重地告诫他："掌握它！"

多年后，贝尔回忆说："如果没有约瑟夫，我根本没有勇气去潜心于我的设想，也就发明不了电话。"

我的一个学生告诉我她的一个经历。

那时她学钢琴不到一年，年底时，被老师邀请参加跨年晚会。她虽然害怕自己会出错，但还是答应了。她觉得这是一个很好的锻炼机会。她选了一首她刚学会的、自己很喜欢的曲子参加演出。在演出前的一个月，她每天都会把这个曲子练习几遍，可是，越练习她觉得越来越烦躁，她甚至害怕会演砸，便萌生退演的想法。她鼓足勇气，

轻轻地走到老师面前,吞吞吐吐地说:"老师,我,我,我不想参加……演出了……"可她的老师却坚决地否定了她的想法,并一再鼓励她,让她勇敢地尝试第一次。

为了人生中第一次钢琴演奏,那天,她扎了一个丸子头,穿上了过年时的新衣。演出前,爸爸奶奶和说不清话的爷爷都来鼓励她,说她一定行的。

演出非常成功,她说她很享受地完成了那场表演。下台时,她感受到了一束束赞扬与肯定的目光始终追随着她。

自古以来,十之八九的成功者奋发努力的背后,必定有数倍的鼓励与肯定的力量在支持着他。

爱与陪伴,是最长情的告白

亲情的陪伴,温暖而深厚,是一种链接的力量,让爱在其中萦绕。一个孩子心中有爱,那是她心中不缺爱。

小时候的夏夜,天空特别明净。碧蓝碧蓝的天幕上,银河宽广,星河灿烂。那时候没有空调,纳凉的最佳方式就是搬一张竹床躺在院子里看天空数星星。一个人看是没意思的,非要扯着妈妈一起躺着看才有意思。妈妈一手摇着蒲扇,一手枕着我们,不是讲神仙故事,就是讲那过去的事情。夜色凉如水,我们蜷缩偎依在妈妈的怀里,幸福又满足。

长大了,离开了家,受了些生活的磨难生活的伤,仍然不改初心,仍然心中有爱。这爱的根源,爱的力量,就来自于那夏夜的星空,夏夜的竹床。

瑶瑶是个很内向的孩子,平常总是扑闪着她那双美丽的大眼睛,不太爱说话,学习也很被动。去年,在外地工作的妈妈回到了南昌,瑶瑶像变了个人似的。见到老师会主动打招呼,也很爱笑,学习成绩也上升了很多。

陪伴,仅仅是一种形式,但陪伴的目的,却是心与心的链接。而链接的目的,就是为了体验到爱。我相信,这是每一个生命灵魂深处最真切的需求。每个灵魂都有孤独和软弱的时候,有幸的是,陪伴能生成一种无限的力量,在人最脆弱的时候,能够穿越心灵,触及灵魂,种下希望与爱的胚芽。

爱与陪伴,就是最长情的告白。爱与陪伴,能点燃孩子心中勇敢的小宇宙!